D1431136

GUIDE PRATIQUE DE CONVERSATION

Français - Espagnol

EDITORIAL

Couvert et illustrations:
Luis Ojeda

©   Purificación Blanco Hernández

©   **Editorial ARGUVAL**

Héroe de Sostoa, 122

29002 Málaga

I.S.B.N.: 84-89672-16-4

D.L.: MA- 61-1999

INDICE

Dans la ligne de la Collection de Guides de Conversation que nous avions commencé avec les langues Anglais-Espagnol et Espagnol-Anglais, nous poursuivions avec ceux en Allemand-Espagnol et Espagnol-Allemand. Maintenant ceux en Français-Espagnol et Espagnol-Français paraissent.

D'ici peu nous éditerons les guides bilingues Russe-Espagnol et Espagnol-Français et ceux d'Italien-Espagnol et Espagnol-Italien.

L'objectif unique de la maison d'édition est de fournir un guide pratique et une aide immédiate sans pour autant avoir suivi des études aprofondies ce qui aurait un autre but. Notre intention n'a pas été d'écrire un traité de linguistique des différentes langues, mais plutôt d'offrir un éventail de phrases toutes faites que l'on emploie lors de nos vacances, de nos voyages d'affaire ou dans nos déplacements à travers le monde.

L'éditeur

PRONONCIATION FIGURÉE

La prononciation espagnole n'est pas difficile et ne présente pas d'irrégularités.

Notre système de prononciation est basé sur la comparaison entre les sons français et les sons espagnols. Même si l'on est conscient du manque d'exactitude de ce système, nous l'avons choisi pour vous fournir un manuel simple à la portée de tous.

Nous vous offrons ci-après quelques remarques pour vous rendre plus facile la prononciation de cette langue.

Voyelles: En espagnol, les voyelles nasales n'existent pas. C'est pourquoi nous détruirons la nasalité des syllabes (an, am, en, em, in, im, etc.) en leur ajoutant un *n/m* dans la prononciation figurée.

e	se prononce toujours comme *é* fermé.
u	se prononce *ou*. Il est muet dans les syllabes *que, qui, gue, gui* (sauf s'il porte un tréma: cigüeña *(θigouégna)*

Consonnes:

c	devant *e* et *i,* se prononce en appuyant la langue contre les dents (analogue au *th* anglais). Il est représenté par *θ.* Devant *a, o, u, r, l* se prononce *k.*
ch	se prononce *tch.*
g	devant *e* et *i,* se prononce par une forte expiration.
h	ne se prononce jamais.

j	dans tous les cas, se prononce par une forte expiration.
ll	se prononce toujours comme le *l* mouillé français (dans aiguille).
ñ	Comme *gn* dans campagne.
r	est roulé. Il se prononce en levant le bout de la langue vers le palais.
rr	est roulé plus fortement que *r*.
s	se prononce toujours comme *ss* (jamais *z*).
v	se prononce comme le *b*: vivir (*bibir*).
y	en fin de mot se prononce *ï*.
z	dans toutes les positions, se prononce en appuyant la langue contre les dents (analogue au *th* anglais).

REMARQUE: **Toutes les consonnes finales dans les mots espagnols se prononcent.**

ACCENT TONIQUE

Les mots espagnols qui se terminent par une voyelle, par *n* ou par *s* et qui ne portent pas d'accent écrit, ont l'accent tonique sur l'avant-dernière syllabe: *Espa̱ña, to̱do, co̱men, cri̱sis*.

Ceux qui se terminent par une consonne autre que *n* ou *s* et qui ne portent pas l'accent marqué, ont l'accent tonique en finale: *co̱lor, pape̱l, pare̱d*.

Tous les mots qui n'appartiennent pas à un de ces groupes portent l'accent marqué: *sofá, nación, plátano, árbol*.

BRÈVES NOTIONS DE GRAMMAIRE

ARTICLES

Défini	Indéfini
el (le, l'))	*un* (un)
la (la, l')	*una* (une)
los, las (les)	*unos, unas* (des)

* Par euphonie, *el* et *un* se mettent devant les noms féminins commençant par un *a* accentué: *el a*gua (l'eau), *un á*guila (un aigle).

Comme en français, il y a des formes contractées: *del* (de+el) = du et *al* (a+el) = au.

2. SUBSTANTIFS

Genre: Généralement sont masculins les noms terminés par *o* et sont féminins les noms terminés par -*a*, -*tad*,-*dad*, -*tad*, -*tud*, -*ción*, -*sión*.

Formation du féminin. On change la dernière voyelle par un *a* ou on ajoute un *a* à la consonne finale: *hermano* (frère), *hermana* (soeur); *profesor, profesora*.

Formation du pluriel. Les noms qui terminent par une voyelle prennent un *s* au pluriel: *puerta, puertas* (porte, portes). Ceux qui se terminent par une consonne prennent *es* au pluriel: *flor, flores* (fleur, fleurs).

Cas spéciaux: Les noms qui se terminent déjà par -*s* au singulier restent invariables s'ils ont l'accent tonique sur une autre syllabe que la dernière, mais prennent -*es* si leur dernière syllabe est accentuée: *el/los paraguas* (le parapluie, les parapluies); *país, países* (pays, pays).

Les noms terminés par -*z* forment leur pluriel en -*ces*: *la vez* (la fois), *las veces* (les fois).

3. ADJECTIFS QUALIFICATIFS

Les adjectifs qualificatifs s'accordent en genre et en nombre avec les noms.

Les adjectifs se terminant par -*o* forment leur féminin en changeant -*o* en -*a*: *bonito, bonita* (joli, jolie).

Ceux qui se terminent par -*e* ou consonne ont la même terminaison au masculin et au féminin: *verde* (vert, verte); *libre* (libre); *feliz* (heureux, heureuse); *cortés* (poli, polie). Ceux qui marquent la nationalité ajoutent -*a*: *español, española; alemán, alemana.*

Pluriel: Il se forme comme celui des substantifs.

Comparatif

D'égalité: *tan ... como* (aussi ... que)

De supériorité: *más ... que* (plus ... que)

D'infériorité: *menos ... que* (moins ... que)

Certains irréguliers courants sont: *mayor* (plus grand), *menor* (moindre, plus petit), *mejor* (meilleur), *peor* (pire).

Superlatif

Relatif: *el/la/los/las más ...* (le/la/les plus ...)

Absolu: 1. *muy ...* (très, fort, bien ...).

          2. En ajoutant à l'adjectif le suffixe
-*ísimo/a*: *carísimo* (très cher).

4. PRONOMS

PRONOMS PERSONNELS

yo (je)	*me* (me)	
tú (tu)	*te* (te)	
él (il)	*lo, le* (le)	*le* (lui)
ella (elle)	*la* (la)	*le* (lui)
*usted (vous)	*le* (vous)	*le* (vous)
nosotros (nous)	*nos* (nous)	
vosotros (vous)	*os* (vous)	
ellos (ils)	*los, les* (les)	*les* (leur)
ellas (elles)	*las* (les)	*les* (leur)
*ustedes (vous)	*les* (vous)	*les* (vous)

* Pour s'adresser à une personne que l'on ne tutoie pas, on sert du pronom *usted* (abrégé Vd.). Le verbe qui le suit se met à la troisième personne du singulier. Si l'on adresse à plusieurs personnes on emploie *ustedes* (abrégé Vds.) pour le vouvoiement. Le verbe se met à la troisième personne du pluriel.

Comme complément d'une préposition, les formes *yo* et *tú* se transforment en *mí, ti*: *para mí* (pour moi), *a ti* (à toi). Après la préposition *con* on utilise les formes *conmigo* (avec moi) et *contigo* (avec toi).

On laisse souvent tomber le pronom personnel sujet: *Te quiero* (<u>Je</u> t'aime).

PRONOMS REFLEXIFS

me, te, se, nos, os, se (me, te, se, nous, vous, se)
Me lavo, os laváis (Je me lave, vous vous lavez)

ADJECTIFS ET PRONOMS POSSESSIFS

Adjectifs:

mi, mis	(mon, ma, mes)
tu, tus	(ton, ta, tes)
su, sus	(son, sa, ses)
nuestro/a/os/as	(notre, notre, nos)
vuestro/a/os/as	(votre, votre, vos)
su, sus	(leur, leur, leurs)

Pronoms:

mío/a/os/as (le mien, la mienne, les miens, les miennes)
tuyo/a/os/as (le tien, la tienne, les tiens, les tiennes)
suyo/a/os/as (le sien, la sienne, les siens, les siennes)
nuestro/a/os/as (le nôtre, la nôtre, les nôtres)
vuestro/a/os/as (le vôtre, la vôtre, les vôtres)
suyo/a/os/as (le leur, la leur, les leurs)

ADJECTIFS ET PRONOMS DÉMONSTRATIFS

Adjectifs:

este, ese, aquel	(ce, cet)
esta, esa, aquella	(cette)
estos/as, esos/as, aquellos/as	(ces)

Pronoms:

Proche de celui qui parle:
éste, ésta, éstos, éstas (celui-ci, celle-ci, ceux-ci, celles-ci)
Proche de celui à qui l'on parle:
ése, ésa, ésos, ésas (celui-là, celle-là, ceux-là, celles-là)
Éloigné de celui qui parle et de celui à qui l'on parle:
aquél, aquélla, aquéllos/as (celui-là, celle-là, ceux-là, celles-là)

PRONOMS RELATIFS

quien/es (qui)   *que* (que)

que, lo que, lo cual (quoi)   *cuyo/a/os/as* (dont)

el/la cual, los/las cuales (lequel, laquelle, lesquels, lesquelles)

ADJECTIFS ET PRONOMS INTERROGATIFS

¿quién? (qui)   *¿cuál/es?* (quel, quelle, quels, quelles)

¿qué? (que, quoi)

ADJECTIFS ET PRONOMS INDÉFINIS

Adjectifs et pronoms

algún/a/os/as (quelque/s)   *otro/a/os/as* (autre/s)

cada (chaque)   *tal, tales* (tel/telle, tels/telles)

cierto/a (certain/e)   *todo/a/os/as* (tout/e, tous, toutes)

mismo/a/os/as (même/s)   *varios/as* (plusieurs)

ningún/a (aucun/e, nul)

Pronoms

algo (quelque chose)   *el uno, el otro* (l'un, l'autre)

alguien (quelqu'un)   *nada* (rien)

cada uno/a (chacun/e)   *nadie* (personne)

cualquier (quiconque)   *se, uno* (on)

15

5. ADVERBES

de temps

entonces (alors)
después (après)
luego (ensuite)
antes (avant)
anteayer (avant-hier)
hoy (aujourd'hui)
en seguida (tout de suite)
pronto (bientôt)
primero, antes (d'abord)

ya (déjà)
mañana (demain)
todavía (encore)
ayer (hier)
nunca (jamais)
mucho tiempo (longtemps)
tarde (tard)
temprano, pronto (tôt)
pasado mañana (après demain)

de lieu

alrededor (autour)
dentro (dedans)
fuera (dehors)
detrás (derrière)
debajo (dessous)
encima (dessus)
delante (devant)
aquí (ici)
ahí, allí (là)

allí arriba (là-haut)
allí abajo (là-bas)
a la derecha (à droite)
a la izquierda (à gauche)
lejos (loin)
donde (où)
por todas partes (partout)
cerca (près)
allí (y)

de fréquence

siempre (toujours)
a menudo (souvent)
de vez en cuando (de temps en temps)

nunca (jamais)
a veces (parfois)
alguna vez (quelquefois)

d'affirmation/négation

sí (oui, si)
no (non)
de verdad (vraiment)
por supuesto (bien sûr)

claro que sí (mais oui)
seguro (sûr)
en absoluto (pas du tout)

de quantité

bastante (assez)
mucho (beaucoup)
apenas (guère)
poco (peu)
más (plus)

menos (moins)
tanto (tant)
muy (très)
demasiado (trop)
nada (rien)

interrogatifs

¿cómo? (comment?)
¿dónde? (où?)
¿cuánto/a/os/as? (combien?)

¿por qué? (pourquoi?)
¿cuándo? (quand?)
¿para qué? (pourquoi?)

de manière

así (ainsi)
bien (bien)
juntos (ensemble)
mal (mal)

mejor (mieux)
poco a poco (peu à peu)
deprisa (vite)
despacio (lentement)

Ils peuvent se présenter aussi sous l'aspect d'un adjectif féminin plus le suffixe *-mente*: *lentamente* (lentement).

6. PRÉPOSITIONS

a (à)
además (en plus)
con (avec)
contra (contre)
de (de)
desde (depuis, dès)
durante (pendant)
en (en, dans, à)

entre (entre, parmi)
hacia (vers)
hasta (jusqu'à)
para (pour)
por (par)
según (selon)
sin (sans)
sobre (sur)

7. CONJONCTIONS

y (et)
o (ou)
también (aussi)
tampoco (non plus)
pero (mais)
sin embargo (néanmoins)
para que (pour que)
que (que)
ni (ni)

como (comme)
cuando (quand, lorsque)
mientras (pendant que)
porque (parce que)
si (si)
aunque (quoique)
entonces (alors)
pues (donc, car)
ya que (puisque)

8. VERBES

Les verbes espagnols sont divisés en trois groups:

1. en **-AR**. (hablar).
2. en **-ER**. (comer).
3. en **-IR**. (vivir).

Le pronom personnel sujet n'est généralement pas exprimé devant le verbe: *Canto* (Je chante).

Forme négative. On emploie l'adverbe de négation *no* en le faisant précéder toujours le verbe, même dans les temps accomplis.
No lavo (Je ne lave pas)/*No he lavado* (Je n'ai pas lavé)

Forme interrogative. Si le pronom sujet est exprimé, il passe derrière le verbe: ¿Ha venido *Marta*? Si le pronom n'est pas exprimé, la conjugaison interrogative ne diffère en rien de la conjugaison ordinaire: *¿Quieres café?* (Est-ce que tu veux du café?).
L'espagnol marque doublement l'interrogation par deux points interrogatifs: ¿...?

Pour la formation des **temps composés**, on emploie toujours le verbe auxiliare *haber* et le participe se terminant en *-ado* pour les verbes du group *-ar* et *-ido* pour ceux des groups en *-er* et *-ir*: *¿Habéis ido*? (Est-ce que vous êtes allés?).

VERBES RÉGULIERS

INDICATIF

Présent

(hablar). habl/o, -as, -a, -amos, -áis, -an.
(comer). com/o, -es, -e, -emos, -éis, -en.
(vivir). viv/o, -es, -e, -imos, -ís, -en.

Passé simple

habl/é, -aste, -ó, -amos, -asteis, -aron.
com/í, -iste, -ió, -imos, -isteis, -ieron.
viv/í, -iste, -ió, -imos, -isteis, -ieron.

Imparfait

habl/aba, -abas, -aba, -ábamos, -abais, -aban.
com/ía, -ías, -ía, -íamos, -íais, -ían.
viv/ía, -ías, -ía, -íamos, -íais, -ían.

Futur
hablar/é,
comer/é,   -ás, -á, -emos, -éis, -án.
escribir/é,

Conditionnel

hablar/ía,
comer/ía,   -ías, -ía, -íamos, -íais, -ían.
vivir/ía,

IMPÉRATIF

habl/a, -e, -emos, -ad, -en.
com/e, -a, -amos, -ed, -an.
viv/e, -a, -amos, -id, -an.

SUBJONCTIF

Présent

habl/e, -es, -e, -emos, -éis, -en.

com/a, -as, -a, -amos, -áis, -an.

viv/a, -as, -a, -amos, -áis, -an.

Imparfait

habl/ara, -aras, -ara, -áramos, -arais, -aran.

habl/ase, -ases, -ase, -ásemos, -aseis, -asen.

com/iera,

com/iese,   -ieras, -iera, -iéramos, -ierais, -ieran.

viv/iera,   -ieses, -iese, -iésemos, -ieseis, -iesen.

viv/iese,

VERBES IRRÉGULIERS

SER (être).

Prés.   *soy, eres, es, somos, sois, son*

Passé.   *fui, fuiste, fue, fuimos, fuisteis, fueron*

Imp.   *era, eras, era, éramos, erais, eran*

HABER (avoir).

Prés.   *he, has, ha, hemos, habéis, han*

Fut.   *habré, habrás, habrá, habremos, habréis,*
        habrán

ESTAR (être).

Prés.   *estoy, estás, está,* estamos, estáis, *están*

Passé.   *estuve, estuviste, estuvo, estuvimos, estuvisteis,*
        estuvieron

TENER (avoir).

Prés.   *tengo, tienes, tiene,* tenemos, tenéis, *tienen*

Passé.   *tuve, tuviste, tuvo, tuvimos, tuvisteis, tuvieron*

Fut.   *tendré, tendrás, tendrá, tendremos, tendréis,*
        tendrán

HACER (faire).

Prés.	*hago,* haces, hace, hacemos, hacéis, hacen
Passé.	*hice, hiciste, hizo, hicimos, hicisteis, hicieron*
Fut.	*haré, harás, hará, haremos, haréis, harán*

DECIR (dire).

Prés.	*digo, dices, dice,* decimos, decís, *dicen*
Passé.	*dije, dijiste, dijo, dijimos, dijisteis, dijeron*
Fut.	*diré, dirás, dirá, diremos, diréis, dirán*

IR (aller).

Prés.	*voy, vas, va, vamos, vais, van*
Passé.	*fui, fuiste, fue, fuimos, fuisteis, fueron*
Imp.	*iba, ibas, iba, íbamos, ibais, iban*

VENIR (venir).

Prés.	*vengo, vienes, viene,* venimos, venís, *vienen*
Passé.	*vine, viniste, vino, vinimos, vinisteis, vinieron*
Fut.	*vendré, vendrás, vendrá, vendremos, vendréis, vendrán*

SALIR (sortir, partir).

Prés.	*salgo,* sales, sale, salimos, salís, salen
Fut.	*saldré, saldrás, saldrá, saldremos, saldréis, saldrán*

SABER (savoir).

Prés.	*sé,* sabes, sabe, sabemos, sabéis, saben
Passé.	*supe, supiste, supo, supimos, supisteis, supieron*
Fut.	*sabré, sabrás, sabrá, sabremos, sabréis, sabrán*

QUERER (vouloir, aimer).

Prés.	*quiero, quieres, quiere,* queremos, queréis, *quieren*
Passé.	*quise, quisiste, quiso, quisimos, quisisteis, quisieron*
Fut.	*querré, querrás, querrá, querremos, querréis, querrán*

CHIFFRES

1. Uno. *Oun*
2. Dos. *Doss*
3. Tres. *Tréss*
4. Cuatro. *Couátro*
5. Cinco. *θínnco*
6. Seis. *Séïss*
7. Siete. *Siété*
8. Ocho. *Ótcho*
9. Nueve. *Nouébé*

10. Diez. *Diéθ*
11. Once. *Ónθe*
12. Doce. *Dóθé*
13. Trece. *Tréθé*
14. Catorce. *Catórθé*
15. Quince. *Quínnθé*
16. Dieciséis. *Diéθisséïss*
17. Diecisiete. *Diéθissiété*
18. Dieciocho. *Diéθiótcho*
19. Diecinueve. *Diéθinouébé*

20. Veinte. *Bëïnnté*
21. Veintiuno. *Bëïnntioúno*
22. Veintidós. *Bëïnntidóss*
23. Veintitrés. *Bëïnntitréss*
24. Veinticuatro. *Bëïnnticouátro*
25. Veinticinco. *Bëïnntiθínnco*

30. Treinta. *Tréïnnta*
40. Cuarenta. *Couarénnta*
50. Cincuenta. *θinncouénnta*
60. Sesenta. *Séssénnta*
70. Setenta. *Séténnta*

80. Ochenta. *Otchénnta*

90. Noventa. *Nobénnta*

100. Cien. *θiénn*

200. Doscientos. *Dosθiénntos*

300. Trescientos. *Trésθiénntos*

400. Cuatrocientos. *Couatroθiénntos*

500. Quinientos. *Quiniénntos*

600. Seiscientos. *Séïsθiénntos*

700. Setecientos. *Sétéθiénntos*

800. Ochocientos. *Otchoθiénntos*

900. Novecientos. *Nobéθiénntos*

1.000. Mil. *Mil*

2.000. Dos mil. *Doss míl*

5.000. Cinco mil. *θínnco míl*

10.000. Diez mil. *Diéθ míl*

100.000. Cien mil. *θiénn míl*

1.000.000. Un millón. *Oun miliónn*

1º. Primero. *Priméro*

2º. Segundo. *Ségoúndo*

3º. Tercero. *Térθéro*

4º. Cuarto. *Couárto*

5º. Quinto. *Quínnto*

6º. Sexto. *Séxto*

7º. Séptimo. *Séptimo*

8º. Octavo. *Octábo*

9º. Noveno. *Nobéno*

10º. Décimo. *Déθimo*

1/2. Medio. *Médio*

1/4. Un cuarto. *Oun couárto*

SALUTATIONS

Bonjour
Buenos días
Bouénos días

Bonsoir
Buenas tardes
Bouénas tárdes

Bonsoir
Buenas noches
Bouénas nótchés

Bonne nuit
Buenas noches
Bouénas nótches

Salut
Hola
Óla

Au revoir
Adiós
Adióss

À tout à l'heure
Hasta luego
Ásta louégo

À demain
Hasta mañana
Ásta magnána

À bientôt
Hasta pronto
Ásta prónnto

Comment allez-vous?
¿Cómo está Vd.?
Cómo éstá oustéd?

Comment vas-tu?
¿Cómo estás?
Cómo éstás?

Comment ça va?	**Très bien**
¿Qué tal?	Muy bien
Qué tal?	*Moui biénn*

Merci	**Merci beaucoup**	**Et vous?**
Gracias	Muchas gracias	¿Y usted?
Gráθias	*Moútchas gráθias*	*Y oustéd?*

Comment va votre famille?
¿Cómo está su/tu familia?
Cómo éstá sou família?

Je suis ravi(e) de vous voir
Me alegro de verle
Mé alégro dé bérlé

Vous saluerez de ma part ...
Recuerdos a ...
Récouérdos a ...

Embrassez les enfants
Besos a los niños
Béssos a loss nígnos

PRÉSENTATIONS

Monsieur	**Madame**	**Mademoiselle**
Señor	Señora	Señorita
Ségnór	*Ségnóra*	*Ségnoríta*

Comment t'appelles-tu/vous appelez-vous?
¿Cómo te llamas/se llama Vd.?
Cómo té liámas/sé liáma oustéd?

Quel est ton/votre nom?
¿Cuál es tu/su nombre?
Couál éss tou nómbré?

Je m'appelle ...
Me llamo ...
Mé liámo ...

Voici Monsieur ...
Éste es el Sr. ...
Ésté éss él ségnór ...

Voici Madame ...
Ésta es la Sra. ...
Ésta éss la ségnóra ...

Je vous présente ...
Le presento a ...
Lé préssénnto a ...

Je veux vous présenter ...
Quiero presentarle a ...
Quiéro préssénntárlé a ...

Est-ce que vous connaissez déjà Monsieur ...?
¿Conoce ya al Sr. ...?
Conóθé ia al ségnór ...?

Enchanté(e)
Encantado/a
Énncantádo/a

Est-ce que vous êtes Monsieur ... (Madame ...)?
¿Es Vd. el Sr. ... (la Sra. ...)?
Éss oustéd él ségnór ... (la ségnóra ...)?

Oui, c'est moi
Sí, soy yo
Si, sóï io

27

RENSEIGNEMENTS PERSONNELS

Prénom	**Nom**	**Âge**
Nombre	Apellido	Edad
Nómbré	*Apéllído*	*Édád*

État civil	**Célibataire**	**Marié(e)**
Estado civil	Soltero/a	Casado/a
Éstádo θibíl	*Soltéro/a*	*Cassádo/a*

Divorcé(e)	**Veuf/veuve**	**Profession**
Divorciado/a	Viudo/a	Profesión
Diborθiádo/a	*Bioúdo/a*	*Proféssiónn*

Adresse	**Carte d'identité**	**Passeport**
Dirección	D.N.I.	Pasaporte
Dirékθiónn	*Dé-éné-i*	*Passapórté*

Date de naissance	**Lieu de naissance**
Fecha de nacimiento	Lugar de nacimiento
Fétcha dé naθimiénnto	*Lougár dé naθimiénnto*

Comment vous appelez-vous/t'appelles-tu?
¿Cómo se llama Vd./te llamas?
Cómo sé liáma oustéd/té liámas?

Quelle est votre/ton adresse?
¿Cuál es su/tu dirección?
Couál éss sou/tou dirékθiónn?

Où habitez-vous/habites-tu?
¿Dónde vive/vives?
Dónndé bíbé/bíbés?

D'où venez-vous?/De quelle nationalité êtes-vous?
¿De dónde es Vd.?/¿Cuál es su nacionalidad?
Dé dónndé éss oustéd?/Couál éss sou naθionalidád?

Quel est votre/ton numéro de téléphone?
¿Cuál es su/tu número de teléfono?
Couál éss sou noúméro dé téléfono?

Quel âge avez-vous/as-tu?
¿Cuántos años tiene/tienes?
Couánntos ágnos tiéné/tiénéss?

Je suis né(e) à ...
Nací en ...
Naθí énn ...

QUESTIONS ET RÉPONSES COURTES

Qui est-ce?	**Qu'est-ce que c'est?**	**Où est-ce?**
¿Quién es?	¿Qué es eso?	¿Dónde está?
Quiénn éss?	*Qué éss ésso?*	*Dónndé está?*
Pourquoi?	**Combien?**	**Quel (quelle)?**
¿Por qué?	¿Cuánto/-os/-as?	¿Cuál?
Por qué?	*Couánnto/-os/-as?*	*Couál?*
Sûr?	**Vraiment?**	**D'accord?**
¿Seguro?	¿De verdad?	¿Vale?
Ségoúro?	*Dé bérdád?*	*Bálé?*
Oui	**D'accord**	**C'est vrai**
Sí	De acuerdo	Es verdad
Si	*Dé acouérdo*	*Éss bérdád*

C'est ça	**Vous avez raison**	**Ça depend**
Eso es	Tiene Vd. razón	Depende
Ésso éss	*Tiéné oustéd raθónn*	*Dépénndé*

Non	**Pas du tout**	**Jamais**
No	En absoluto	Nunca
No	*Énn absoloúto*	*Noúnca*

Rien	**Au contraire**	**Je ne crois pas**
Nada	Al contrario	No creo
Náda	*Al conntrário*	*No créo*

FORMULES DE POLITESSE

Merci beaucoup	**Pas de quoi**	**S'il vous plaît**
Muchas gracias	De nada	Por favor
Moútchas gráθias	*Dé náda*	*Por fabór*

Volontiers/Avec plaisir	**Excusez-moi**
Con mucho gusto	Disculpe
Conn moútcho goústo	*Discoúlpé*

Pardon	**Je regrette**	**Je suis désolé(e)**
Perdón	Lo siento	Lo lamento
Pérdónn	*Lo siénnto*	*Lo laménnto*

Santé!	**Bonne chance!**	**Félicitations!**
¡Salud!	¡Suerte!	¡Enhorabuena!
Saloúd!	*Souérté!*	*Énorabouéna!*

Bonne anniversaire!	**Bon appétit!**
¡Feliz cumpleaños!	¡Que aproveche!
Féliθ coumpleágnos!	*Qué aprobétché!*

Bienvenu!
¡Bienvenido!
Biénnbénído!

Ça ne fait rien
No importa
No immpórta

Puis-je vous aider?
¿Puedo ayudarle?
Pouédo aïoudárlé?

Ne vous dérangez pas

No se moleste
No sé molésté

Je vous en suis reconnissant(e)
Se lo agradezco mucho
Sé lo agradéθco moútcho

Je vous en prie
Se lo ruego
Sé lo rouégo

Voici
Aquí tiene
Aquí tiéné

Vous êtes très aimable
Es Vd. muy amable
Éss oustéd moui amáblé

Excusez-moi de vous déranger
Siento molestarle
Siénnto moléstárlé

Il n'y a pas de quoi!

¡No hay de qué!
No áï dé qué!

Voulez-vous prendre quelque chose?
¿Desea tomar algo?
Désséa tomár álgo?

Désirez-vous quelque chose?
¿Desea algo?
Désséa álgo?

Je voudrais (j'aimerais) ...
Quería (quisiera) ...
Quéría (quissiéra) ...

AU SUJET DE LA LANGUE

Parlez-vous l'espagnol?
¿Habla Vd. español?
Ábla oustéd éspagnól?

Je ne parle pas le français
No hablo francés
No áblo franθés

Un peu
Un poco
Oun póco

Pas un mot
Ni una palabra
Ni oúna palábra

Comprenez-vous?
¿Me comprende?
Mé compránndé?

Je ne comprends pas
No comprendo
No compránndo

Comment?/Pardon?
¿Cómo?/¿Perdón?
Cómo?/Pérdónn?

Comment dites-vous?
¿Cómo dice?
Cómo díθé?

Parlez plus lentement, s'il vous plaît
Más despacio, por favor
Mass déspáθio, por fabór

Comment est-ce que ça s'écrit?
¿Cómo se escribe?
Cómo sé éscríbé?

Comment est-ce que ça se prononce?
¿Cómo se pronuncia?
Cómo sé pronoúnθia?

Qu'est-ce que ça veut dire?
¿Qué significa?
Qué sig-nifíca?

Que voulez-vous dire?
¿Qué quiere Vd. decir?
Qué quiéré oustéd déθír?

Comment dit-on ... en espagnol?
¿Cómo se dice ... en español?
Cómo sé díθé ... énn éspagnol?

Répétez, s'il vous plaît
Repita, por favor
Répíta, por fabór

ORDRES

Vite!
¡Deprisa!

Dépríssa

Doucement!
¡Despacio!

Déspáθio

Entrez!/Passez!
¡Entre!/
¡Adelante!

*Énntré/
Adélánnté!*

Venez!
¡Venga!
Bénnga!

Écoutez!
¡Oiga!
Óïga!

Attention!
¡Cuidado!
Couidádo!

Allons!
¡Vamos!
Bámos!

Silence!
¡Silencio!
Silénnθio!

Au secours!
¡Socorro!
Socórro!

Asseyez-vous, s'il vous plaît
¡Siéntese, por favor!
Siénntéssé, por fabór!

AVIS PUBLICS

Attention
Cuidado
Couidádo

Danger
Peligro
Péligro

Attention à ...
Atención a ...
Aténnθiónn a ...

Fermé
Cerrado
θérrádo

Ouvert
Abierto
Abiérto

En panne
Averiado
Abériádo

Entrée
Entrada
Énntráda

Sortie
Salida
Salída

Ascenseur
Ascensor
Asθénnsór

Libre
Libre
Líbré

Occupé
Ocupado
Ocoupádo

Privé
Privado
Pribádo

Tirez
Tirar
Tirár

Poussez
Empujar
Émmpouhár

Arrêt
Parada
Paráda

Toilettes
Servicios
Sérbíθios

Dames
Señoras
Ségnóras

Messieurs
Caballeros
Cabaliéros

Change
Cambio
Cámmbio

À vendre
Se vende
Sé bénndé

À louer
Se alquila
Sé alquíla

Parking
Aparcamiento
Aparcamiénnto

Libre-service
Autoservicio
Aoutossérbíθio

Réception
Recepción
Réθépθión

Passage interdit
Prohibido el paso
Proïbído él pásso

Défense d'entrer
Se prohíbe la entrada
Sé proïbé la énntráda

Défense de fumer
Prohibido fumar
Proïbído foumár

Peinture fraîche
Recién pintado
Réθiénn pinntádo

LE TEMPS

Temps
Tiempo
Tiémmpo

Montre
Reloj
Rélóh

Jour
Día
Día

Heure
Hora
Óra

Minute
Minuto
Minoúto

Second
Segundo
Ségoúnndo

Matin	Midi	Après-midi/Soir
Mañana	Mediodía	Tarde
Magnána	*Médiodía*	*Tárdé*

Nuit	Minuit	Demi-heure
Noche	Medianoche	Media hora
Nótché	*Médianótché*	*Média óra*

Quelle heure est-il?
¿Qué hora es?
Qué óra éss?

Il est sept heures
Son las siete
Sonn lass siété

Sept heures dix
Las siete y diez
Lass siété i diéθ

Sept heures et quart
Las siete y cuarto
Lass siété i couárto

Sept heures et demie
Las siete y media
Lass siété i média

Huit heures moins le quart
Las ocho menos cuarto
Lass ótcho ménos couárto

Pouvez-vous me dire l'heure, s'il vous plaît?
¿Puede decirme la hora, por favor?
Pouédé déθírmé la óra, por fabór?

C'est trop tôt/tard
Es demasiado temprano/tarde
Éss démassiádo témmpráno/tárdé

Temps	Température	Climat
Tiempo	Temperatura	Clima
Tiémmpo	*Témmpératoúra*	*Clíma*

Il y a du soleil	**Il fait froid**	**Il fait chaud**
Hace sol	Hace frío	Hace calor
Áθé sol	*Áθé frío*	*Áθé calór*

Il pleut	**Il va pleuvoir**
Está lloviendo	Va a llover
Éstá liobiénndo	*Ba a liobér*

Il neige	**Il gèle**
Está nevando	Está helando
Éstá nébánndo	*Éstá élánndo*

Quel temps fait-il?	**Il fait mauvais**
¿Qué tiempo hace?	Hace mal tiempo
Qué tiémmpo áθé?	*Áθé mal tiémmpo*

Il fait très beau
Hace un tiempo magnífico
Áθé oun tiémmpo mag-nífico

Il fait moins six (degrés)
Estamos a seis grados bajo cero
Éstámos a séïs grádos báho θéro

Jour	**Semaine**	**Mois**
Día	Semana	Mes
Día	*Sémána*	*Méss*

Quinzaine	**An/année**	**Siècle**
Quincena	Año	iglo
Quinnθéna	*Ágno*	*Síglo*

Aujourd'hui	Hier	Demain
Hoy	Ayer	Mañana
Óï	*Aïér*	*Magnána*

Ce soir	Jour ferié	Date
Esta noche	Día festivo	Fecha
Ésta nótché	*Día féstíbo*	*Fétcha*

Jours de la semaine

Lundi	Lunes	*Loúnéss*
Mardi	Martes	*Mártéss*
Mercredi	Miércoles	*Miércoléss*
Jeudi	Jueves	*Houébéss*
Vendredi	Viernes	*Biérnéss*
Samedi	Sábado	*Sábado*
Dimanche	Domingo	*Domínngo*

Mois de l'année

Janvier	Enero	*Énéro*
Février	Febrero	*Fébréro*
Mars	Marzo	*Márθo*
Avril	Abril	*Abríl*
Mai	Mayo	*Mäïo*
Juin	Junio	*Hoúnio*
Juillet	Julio	*Hoúlio*
Août	Agosto	*Agósto*
Septembre	Septiembre	*Séptiémmbré*
Octobre	Octubre	*Octoúbré*
Novembre	Noviembre	*Nobiémmbré*

Décembre	Diciembre	*Diθiémmbré*

Saisons de l'année

Hiver	Invierno	*Innbiérno*
Printemps	Primavera	*Primabéra*
Été	Verano	*Béráno*
Automne	Otoño	*Otógno*

Quel jour sommes-nous? **C'est le premier Avril**
¿Qué día es hoy? Es uno de abril
Qué día éss öï? *Éss oúno dé abríl*

Dimanche dernier **Lundi prochain**
El domingo pasado El lunes próximo
Él domínngo passádo *Él loúnés próximo*

Le 6 Novembre 1997
El 6 de noviembre de 1997
Él sëïs dé nobiémmbré dé mil nobéθiénntos nobénnta i siété

Noël **Le jour de l'an**
Navidad Año Nuevo
Nabidád *Ágno nouébo*

Pâques **La fête du Travail**
Semana Santa Primero de Mayo
Sémána sánnta *Priméro dé máïo*

EN VILLE

Rue	**Avenue**	**Promenade**
Calle	Avenida	Paseo
Cálié	*Abénída*	*Passéo*

Centre(-ville)	**Coin**	**Quartier**
Centro	Esquina	Barrio
θénntro	*Ésquína*	*Bárrio*

Arrondissement	**Bâtiment**	**Maison**
Distrito	Edificio	Casa
Distríto	*Édifíθio*	*Cássa*

Environs	**Port**	**Fontaine**
Afueras	Puerto	Fuente
Afouéras	*Pouérto*	*Fouénnte*

Place	**Pont**	**Fleuve/Rivière**
Plaza	Puente	Río
Pláθa	*Pouénnte*	*Río*

Jardin	**Parc**	**Passage souterrain**
Jardín	Parque	Paso subterráneo
Hardínn	*Párqué*	*Pásso soubtérráneo*

Croisement/ Carrefour	**Feux**	**Agent de la circulation**
Cruce	Semáforos	Guardia de tráfico
Croúθé	*Sémáforos*	*Gouárdia dé tráfico*

Corbeille à papier	**Boîte aux lettres**	**Lampadaire**
Papelera	Buzón	Farola
Papéléra	*Bouθónn*	*Faróla*

Cabine	**Trottoir**	**Passage clouté**
Cabina	Acera	Paso de cebra
Cabína	*Aθéra*	*Pásso dé θébra*

Par ici	**Par là**	**Tout droit**
Por aquí	Por ahí	Todo recto
Por aquí	*Por aï*	*Tódo récto*

À gauche	**À droite**	**À ... m. d'ici**
A la izquierda	A la derecha	A. ... m. de aquí
A la iθquiérda	*A la dérétcha*	*A ... métros dé aquí*

Devant	**Derrière**	**En face**
Delante de	Detrás de	Enfrente
Délánnté dé	*Détrás dé*	*Énnfrénnté*

Excusez-moi, est-ce que la rue ... est encore loin?

Perdón, ¿está lejos la calle ...?

Pérdónn, está léhos la cálié ...?

Pouvez-vous me dire où se trouve ...?

¿Puede Vd. decirme dónde está ...?

Pouédé oustéd déθírmé dónndé está ...?

Par où va-t-on à ...?

¿Por dónde se va a ...?

Por dónndé sé ba a ...?

Est-ce que c'est encore loin?

¿Está muy lejos?

Está moui léhos?

À quelle distance est-ce que ça se trouve?

¿A qué distancia está?

A qué distánnθia?

Suivez cette même rue

Siga por esta misma calle

Síga por ésta mísma cálié

De l'autre côté de la rue

Al otro lado de la calle

Al ótro dé la cálié

Tournez à gauche au prochain croisement

Gire a la izquierda en el próximo cruce

Híré a la iθquiérda énn él próximo croúθé

Au coin de la rue

Al doblar la esquina

Al doblár la ésquína

BATÎMENTS PUBLICS

Hôtel de ville	**Palais de Justice**	**Ambassade**
Ayuntamiento	Juzgado	Embajada
Aïountamiénnto	*Houθgádo*	*Émmbaháda*

Consulat	**Poste**	**Commissariat**
Consulado	Correos	Comisaría
Connsouládo	*Corréos*	*Comissaría*

Hôpital	**Office de Tourisme**	**Gare**
Hospital	Oficina de Turismo	Estación
Ospitál	*Ofiθína dé tourísmo*	*Éstaθiónn*

Château	**Palais**	**Église**
Castillo	Palacio	Iglesia
Castílio	*Paláθio*	*Igléssia*

Cathédrale	**Musée**	**École**
Catedral	Museo	Escuela
Catédrál	*Mousséo*	*Éscouéla*

Licée	**Université**	**Bibliothèque**
Instituto	Universidad	Biblioteca
Innstitoúto	*Ounibérsidád*	*Bibliotéca*

À L'AGENCE DE VOYAGES

Voyager	**Voyage**	**Vacances**
Viajar	Viaje	Vacaciones
Biahár	*Biáhé*	*Bacaθiónés*

Je voudrais aller à ... en avion
Quiero ir a ... en avión
Quiéro ir a ... énn abiónn

Je voudrais partir la semaine prochaine
Me gustaría salir la semana próxima
Mé goustaría salír la sémána próxima

Je voudrais faire le voyage en autocar et loger dans un hôtel deux étoiles

Quisiera hacer el viaje en autocar y alojarme en un hotel de dos estrellas

Quissiéra aθér él biáhé énn aoutocár i alohármé énn oun otél dé doss éstrélias

Je voudrais visiter la région ...

Desearía visitar la región de ...

Désséaría bissitár la réhiónn dé ...

Quelles villes me conseillez-vous de visiter?

¿Qué ciudades me aconseja Vd. que visite?

Qué θioudádés mé aconnséha oustéd qué bissité?

Pourriez-vous me tracer un itinéraire et me dire son montant?

¿Podría Vd. hacerme un itinerario y un presupuesto?

Podría oustéd aθérmé oun itinérário i oun présoupouésto?

Combien vaut tout ça?

¿Cuánto cuesta todo eso?

Couánto couésta tódo ésso?

Réservez-moi deux places dans le bus pour ...

Resérveme dos plazas en el autocar para ...

Réssérbémé doss pláθas énn él aoutocár pára ...

D'accord. Je passerai demain chercher mon billet

De acuerdo. Mañana vendré a recoger mi billete

Dé acouérdo. Magnána bénndré a récohér mi biliété

Avez-vous des brochures touristiques?

¿Tiene Vd. folletos turísticos?

Tiéne oustéd foliétos tourísticos?

À LA DOUANE

Douane	Documentation	Passeport
Aduana	Documentación	Pasaporte
Adouána	*Docouménntaθiónn*	*Passapórté*

Bagages	Valise	Cadeau
Equipaje	Maleta	Regalo
Équipáhé	*Maléta*	*Rrégálo*

Sac à main	Contrôle de passeports
Bolso de mano	Control de pasaportes
Bólso dé máno	*Contról dé passapórtés*

Droits de douane	Permis international de conduire
Derechos de aduana	Permiso internacional de conducir
Dérétchos dé adouána	*Pérmísso inntérnaθionál dé conndouθír*

Carte verte
Carta verde
Cárta bérdé

Visa d'entrée
Visado de entrada
Bissádo dé énntráda

Votre passeport, s'il vous plaît
Su pasaporte, por favor
Sou passapórté, por fabór

Le voici
Aquí tiene
Aquí tiéné

Le motif de mon voyage est ...
El objeto de mi viaje es ...
Él obhéto dé mi biáhé éss ...

Vacances, tourisme, études, affaires...
Vacaciones, turismo, estudios, negocios...
Bacaθiónés, tourísmo, éstoúdios, négoθios...

Avez-vous quelque chose à déclarer?
¿Tiene Vd. algo que declarar?
Tiéné oustéd álgo qué déclarár?

Je n'ai rien à déclarer
No tengo nada que declarar
No ténngo náda qué déclarár

Non, je n'ai que des effets personnels
No, sólo llevo objetos de uso personal
No, sólo liébo obhétos dé oússo pérsonál

J'ai quelques bouteilles de vin et des cigarettes
Llevo unas botellas de vino y cigarrillos
Liébo oúnas botélias dé bíno i θigarrílios

Je n'emporte pas de devises

No llevo moneda extranjera

No liébo monéda éxtranhéra

Pourriez-vous ouvrir vos valises, s'il vous plaît?

Abra sus maletas, por favor

Ábra sous malétas, por fabór

Qu'est-ce qu'il y a dans ces paquets?

¿Qué lleva Vd. en esos paquetes?

Qué liéba oustéd énn éssos paquétés?

Puis-je fermer mes valises?

¿Puedo cerrar mis maletas?

Pouédo θerrár mis malétas?

Combien est-ce que je dois payer pour des droits de douane?

¿Cuánto tengo que pagar de derechos?

Couánnto ténngo qué pagár dé dérétchos?

Est-ce que tout est en règle?

¿Está todo en orden?

* Éstá tódo énn órdénn?*

Où se trouve le bureau de change?

¿Dónde está la oficina de cambio?

Dónndé éstá la ofiθína dé cámmbio?

Quel est le cours de ...?

¿Cuál es la cotización de ...?

Couál éss la cotiθaθiónn dé ...?

Pouvez-vous me changer ... en ...?

¿Puede cambiarme ... en ...?

Pouédé cammbiármé ... énn ...?

Où puis-je trouver un taxi?

¿Dónde puedo encontrar un taxi?

Dónndé pouédo énnconntrár oun táxi?

EN AVION

Aéroport	**Passager**	**Reinsegne-ments**
Aeropuerto	Pasajero	Información
Aéropouérto	*Passahéro*	*Innformaθiónn*

Enregistrement	**Billet**	**Lignes aérien-nes**
Facturación	Billete	Líneas aéreas
Factouraθiónn	*Biliété*	*Línéas aéréas*

Vol	**Arrivées**	**Départs**
Vuelo	Llegadas	Salidas
Bouélo	*Liégadas*	*Salídas*

Avion	**Pilote**	**Hôtesse de l'air**
Avión	Piloto	Azafata
Abiónn	*Pilóto*	*Aθafáta*

Place	**(Non) fumeurs**	**Hublot**
Asiento	(No) fumador	Ventanilla
Assiénnto	*(No) foumadór*	*Bénntanília*

Équipage	**Rétard**
Tripulación	Retraso
Tripoulaθiónn	*Rrétrásso*

Excédent de bagages	**Retrait des bagages**
Exceso de equipaje	Recogida de equipajes
Éxθésso dé équipahé	*Récohída dé équipáhés*

Salle d'attente	**Porte d'embarquement**
Sala de espera	Puerta de embarque
Sála dé éspéra	*Pouérta dé émmbárqué*

Vol annulé	**Gilet de sauvetage**
Vuelo suspendido	Chaleco salvavidas
Bouélo anouládo	*Tchaléco salbabídas*

Le vol à destination de ... (en provenance de ...)
El vuelo con destino a ... (procedente de ...)
Él bouélo conn déstíno a ... (proθédénnté dé ...)

Bureau des objets trouvés
Oficina de objetos perdidos
Ofiθína dé obhétos pérdídos

Combien de temps à l'avance faut-il être à l'aéroport?

¿Con qué antelación hay que estar en el aeropuerto?

Conn qué anntélaθiónn äi qué éstar énn él aéropouérto?

Comment puis-je me rendre à l'aéroport?

¿Cómo puedo ir al aeropuerto?

Cómo pouédo ir al aéropouérto?

Quel est le poids admis gratuitement?

¿Cuánto peso está permitido?

Couánnto pésso éstá pérmitído?

À quelle heure part l'avion pour ...?

¿A qué hora sale el avión para ...?

A qué óra sálé él abiónn pára ...?

Passagers du vol ... embarquement porte ...

Se ruega a los pasajeros del vuelo ... embarquen por la puerta ...

Sé rouéga a loss pasahéros dél bouélo ... émmbárquénn por la pouérta ...

S'il vous plaît, veuillez attacher vos ceintures

Por favor, abróchense los cinturones

Por fabór, abrótchénnsé loss θinntourónés

Défense de fumer

Prohibido fumar

Proïbído foumár

L'avion atterrira dans dix minutes

Tomaremos tierra dentro de diez minutos

Tomarémos tiérra dénntro dé diéθ minoútos

Rétirez vos bagages au terminal
Recojan su equipaje en la terminal
Récóhann sou équipáhé énn la éntráda

J'ai perdu une valise
Se me ha perdido una maleta
Sé mé a pérdído oúna maléta

EN TRAIN

Train	**Gare**	**Quai**
Tren	Estación	Andén
Trénn	*Ésta θiónn*	*Anndénn*

Voie	**Wagon**	**Couchette**
Vía	Vagón	Litera
Vía	*Bagónn*	*Litéra*

Compartiment	**Voyageur**	**Contrôleur**
Compartimento	Viajero	Revisor
Compartiménnto	*Biahéro*	*Rébissór*

Sac de voyage	**Sac à dos**	**Portefeuille**
Bolsa	Mochila	Cartera
Bólsa	*Motchíla*	*Cartéra*

Aller simple	**Aller-retour**
Billete de ida	De ida y vuelta
Biliété dé ída	*Dé ída i bouélta*

Première, seconde classe	**Wagon-lit**
Primera, segunda clase	Coche-cama
Priméra, ségoúnda clássé	*Cótché-cáma*

Guichet
Despacho de billetes
Despátcho dé biliétés

Consigne
Consigna
Connsíg-na

*RENFE. (Red Nacional de Ferrocarriles Españoles) (=SNCF)

TGV, train direct, train régional
AVE, tren directo, tren de cercanías
Ábé, trénn dirécto, trénn dé θércanías

Où se trouve la gare de chemin de fer?
¿Dónde está la estación de trenes?
Dónndé éstá la éstaθiónn dé trénés?

Quel est le prix du billet aller-retour pour ...?
¿Cuánto cuesta un billete de ida y vuelta a ...?
Couánnto couésta oun biliété dé ída i bouélta a ...?

Faites-vous des tarifs préférentiels pour les enfants/étudiants/retraités?
¿Hay descuentos para niños/estudiantes/pensionistas?
Áï déscouénntos pára nígnos/éstoudiánntés/pénnsionístas?

Deux billets pour ...
Dos billetes para ...
Doss biliétés pára ...

Pour quel train?
¿Para qué tren?
Pára qué trénn?

Est-ce que c'est celui-ci le train pour ...?
¿Es éste el tren para ...?
Éss ésté él trénn pára ...?

À quelle heure part le train pour ...?
¿A qué hora sale el tren para ...?
A qué ora sálé él trénn pára ...?

De quel quai part le train pour ...?

¿De qué andén sale el tren para ...?

Dé qué anndénn sálé él trénn pára ...?

Y a-t-il un changement à faire?

¿Hay que hacer transbordo?

Áï qué aθér transbórdo?

Est-ce que ce train s'arrête à ...?

¿Para este tren en ...?

Pára ésté trénn énn ...?

À quelle heure arrive-t-il à ...?

¿A qué hora llega a ...?

A qué óra liéga él trénn a ...?

Cette place, est-elle prise?

¿Está ocupado este asiento?

Éstá ocoupádo ésté assiénnto?

Pouvez-vous fermer la fenêtre, s'il vous plaît?

¿Puede cerrar la ventanilla, por favor?

Pouédé θérrár la bénntanília, por fabór?

Comment s'appelle cette gare?

¿Cómo se llama esta estación?

Cómo sé liáma ésta éstaθiónn?

Nous avons dix minutes de rétard

Llevamos diez minutos de retraso

Liébamos diéθ minoútos dé rétrásso

EN VOITURE

Route	**Autoroute**	**Péage**
Carretera	Autopista	Peaje
Carrétéra	*Aoutopísta*	*Péahé*

Route Nationale	**Croisement/Carrefour**
Carretera Nacional	Cruce
Carrétéra naθionál	*Croúθé*

Passage à niveau	**Virage dangereux**
Paso a nivel	Curva peligrosa
Pásso a nibél	*Coúrba péligróssa*

Détour	**Déviation**
Rodeo	Desviación
Rodéo	*Désbiaθiónn*

Sens unique	**Voie sans issue**
Dirección única	Calle sin salida
Dirékθiónn oúnica	*Cálié sinn salída*

Passage clouté	**Panneau de signalisation**
Paso de peatones	Señal de tráfico
Pásso dé péatónés	*Ségnál dé tráfico*

Cédez le passage
Ceda el paso
θéda él pásso

Travaux
Obras
Óbras

Permis de conduire
Permiso de conducir
Pérmísso dé conndouθír

Vitesse limitée
Límite de velocidad
Límité dé béloθidád

Voiture	**Autobus**	**Camion**
Coche	Autobús	Camión
Cótché	*Aoutoboús*	*Camiónn*

Fourgonnette	**Moto**	**Vélo**
Furgoneta	Moto	Bicicleta
Fourgonéta	*Móto*	*Biθicléta*

Pour aller à ..., s'il vous plaît?
¿Para ir a ..., por favor?
Pára ir a ..., por fabór?

Est-ce que c'est la route pour aller à ...?
¿Es ésta la carretera para ...?
Éss ésta la carrétéra pára ...?

Quelle distance y a-t-il jusqu'à ...?
¿A qué distancia está ...?
A qué distánnθia éstá ...?

C'est ne pas loin. Il n'y a que ... kilomètres
No está lejos. Hay unos ... km
No éstá léhos. Aï oúnos ... kilómétros

La route est-elle bonne?
¿Es buena la carretera?
Éss bouéna la carrétéra?

Il y a beaucoup de virages
Hay muchas curvas
Áï moútchas coúrbas

Où est-ce que je peux acheter une carte routière?
¿Dónde puedo comprar un mapa de carreteras?
Dónndé pouédo comprár oun mápa dé carrétéras?

Quelle est la meilleure route pour aller à ...?
¿Cuál es la mejor carretera para ir a la costa?
Couál éss la méhór carrétéra pára ir a la cósta?

Est-ce que je peux garer ici?
¿Puedo aparcar aquí?
Pouédo aparcár aquí?

LOCATION DES VÉHICULES

Je voudrais louer une voiture
Deseo alquilar un coche
Désséo alquilár oun cótché

Quel est le prix au kilométrage (par jours)?
¿Cuál es el precio por km. (por día)?
Couál éss él préθio por kilómétros (por día)?

Combien de jours?
¿Cuántos días?
Couánntos días?

Assurance comprise
Seguro incluido
Ségoúro innclouído

Ça fait ...
Son ...
Sonn ...

Dois-je verser une caution?
¿Tengo que dejar un depósito?
Ténngo qué déhár oun dépóssito?

Acceptez-vous les cartes de crédit?
¿Puedo pagar con tarjeta?
Pouédo pagár conn tarhéta?

SUR LA ROUTE (SERVICES ET DÉPANNAGES)

Station service	**Essence**	**Air**
Gasolinera	Gasolina	Aire
Gassolinéra	*Gassolína*	*Áïré*

Huile	Eau	Réservoir
Aceite	Agua	Depósito
Aθéïté	*Ágoua*	*Dépóssito*
Garage	**Panne**	**Crevaison**
Taller	Avería	Pinchazo
Taliér	*Abéría*	*Pinntcháθo*
Plaque d'im- matriculation	**Rétroviseur**	**Pot d'échap- pement**
Matrícula	Retrovisor	Tubo de escape
Matrícoula	*Rétrobissór*	*Toúbo dé éscapé*
Phare	**Clignotant**	**Feu arrière**
Faro	Intermitente	Piloto trasero
Fáro	*Inntérmiténnté*	*Pilóto trasséro*
Capot	**Coffre**	**Portière**
Capó	Maletero	Puerta
Capó	*Malétéro*	*Pouérta*
Pare-brises	**Vitre**	**Pare-chocs**
Parabrisas	Ventanilla	Parachoques
Parabríssas	*Bénntanília*	*Paratchóqués*
Roue	**Pneu**	**Roue de se- cours**
Rueda	Neumático	Rueda de repuesto
Rouéda	*Néoumático*	*Rouéda dé répouésto*
Amortisseur	**Moteur**	**Starter**
Amortiguador	Motor	Estárter
Amortigouadór	*Motór*	*Stártér*

Carburateur	**Alternateur**	**Garde-boue**
Carburador	Alternador	Guardabarros
Carbouradór	*Altérnadór*	*Gouardabárros*

Bobine	**Batterie**	**Bougie**
Bobina	Batería	Bujía
Bobína	*Batéría*	*Bouhía*

Fusible	**Piston**	**Bielle**
Fusible	Pistón	Biela
Foussíblé	*Pistónn*	*Biéla*

Vilebrequin	**Culasse**	**Joint de culasse**
Cigüeñal	Culata	Junta de culata
θigouégnál	*Couláta*	*Hoúnta dé couláta*

Carter	**Courroie du ventilateur**	**Radiateur**
Cárter	Correa del ventilador	Radiador
Cártér	*Corréa dél bénntiladór*	*Rradiadór*

Filtre	**Boîte de vitesses**	**Embrayage**
Filtro	Caja de cambio	Embrague
Fíltro	*Cáha dé cámbio*	*Émmbrágué*

Volant	**Clef de contact**	**Levier de vitesses**
Volante	Llave de contacto	Palanca de cambio
Bolánnté	*Liábé dé conntácto*	*Palánnca dé cámmbio*

Frein à pied	**Frein à main**	**Accélérateur**
Pedal de freno	Freno de mano	Acelerador
Pédál dé fréno	*Fréno dé máno*	*Aθéléradór*

Cric	**Outils**	**Pièces de rechange**
Gato	Herramientas	Piezas de repuesto
Gáto	*Érramiénntas*	*Piéθas dé rrépouésto*

Première, deuxième, troisième ... (vitesse)
Primera, segunda, tercera ... (marcha)
Priméra, ségoúnda, térθéra ... (mártcha)

Marche arrière
Marcha atrás
Mártcha atrás

Est-ce qu'il y a une poste d'essence près d'ici?
¿Hay una gasolinera cerca de aquí?
Áï oúna gassolinéra θérca dé aquí?

Le plein, s'il vous plaît
Lleno, por favor
Liéno, por fabór

Vingt litres d'essence sans plomb, s'il vous plaît
Veinte litros de gasolina sin plomo, por favor
Bëïnnté lítros dé gassolína sinn plómo, por fabór

C'est combien?	**Ça fait ...**
¿Cuánto es?	Son ...
Couánnto éss?	*Sonn ...*

J'ai besoin de l'eau
Necesito agua
Néθéssito ágoua

Pouvez-vous vérifier les pneus?
Revise los neumáticos
Rrébísse loss néoumáticos

Donnez-moi un bidon de l'huile, s'il vous plaît
Déme una lata de aceite, por favor
Démé oúna láta dé aθéïte, por fabór

Combien de temps prendra le lavage?
¿Cuánto tardarán en lavarlo?
Couánnto tardaránn énn labárlo?

Où y a-t-il un garage près d'ici?
¿Dónde hay un taller?
Dónndé áï oun taliér?

Ma voiture est tombée en panne à ... kilomètres d'ici
Mi coche se ha averiado a ... km. de aquí
Mi cótché sé a abériádo a ... kilómétros dé aquí

Pouvez-vous remorquer ma voiture?
¿Pueden remolcar mi coche?
Pouédénn rrémolcár mi cótche?

Qu'est-ce qu'il y a?
¿Qué le pasa?
Qué lé pássa?

La batterie est déchargée
La batería está descargada
La batéría éstá déscargáda

Le moteur ne démarre pas
El motor no arranca
Él motór no arránnca

Le radiateur fuit
El radiador pierde
Él rradiadór piérdé

Vérifiez les freins, s'il vous plaît
Revise los frenos
Rrebísse loss frénos

L'embrayage ne marche pas
No funciona el embrague
No founθióna él émmbrágué

La courroie du ventilateur est cassée
La correa del ventilador está rota
La corréa dél bénntiladór éstá rróta

Les plombs ont sauté
Se han fundido los fusibles
Sé ann foundído loss foussíblés

Pouvez-vous me faire une réparation provisoire?
¿Pueden hacerme un arreglo provisional?
Pouédénn aθérmé oun arréglo probissionál?

Combien de temps mettrez-vous pour l'arranger?
¿Cuánto tardarán en arreglarlo?
Couánnto tardaránn énn arréglárlo?

Réparez-la le plus tôt possible, s'il vous plaît

Por favor, repárelo lo antes posible

Por fabór, rrépárélo lo ánntés possíblé

Nous devons commander des pièces de rechange

Tenemos que pedir repuestos

Ténémos qué pédír rrépouéstos

Ça y est, c'est réparé

Ya está arreglado

Ia éstá arrégládo

Pouvez-vous m'aider?

¿Puede Vd. ayudarme?

Pouédé oustéd aïoudármé?

Il s'est produit un accident à ... kilomètres d'ici

Ha habido un accidente a ... km. de aquí

A abído oun akθidénnté a ... kilométros dé aquí

Où est l'hôpital le plus proche?

¿Dónde está el hospital más próximo?

Dónndé éstá él ospitál mass próximo?

S'il vous plaît, appelez tout de suite une ambulance

Por favor, llamen a una ambulancia

Por fabór, liáménn a oúna ammboulánnθia

Voici ma police d'assurance et les papiers du véhicule

Aquí está mi póliza de seguros y los papeles del coche

Aquí éstá mi póliθa dé ségoúros i loss papélés dél cótché

EN BATEAU

Bateau	Port	Quai
Barco	Puerto	Muelle
Bárco	*Pouérto*	*Mouélié*

Yacht	Ferry	Transatlantique
Yate	Transbordador	Transatlántico
Iáté	*Transbordadór*	*Transatlántico*

Pont	Chaise longue	Cabine
Cubierta	Hamaca	Camarote
Coubiérta	*Amáca*	*Camaróté*

Cale	Proue	Poupe
Bodega	Proa	Popa
Bodéga	*Próa*	*Pópa*

Babord	Tribord	Gouvernail
Babor	Estribor	Timón
Babór	*Éstribór*	*Timónn*

Capitaine	**Matelot**	**Croisière**
Capitán	Marinero	Crucero
Capitánn	*Marinéro*	*Crouθéro*

Lever l'ancre	**Accoster**	**Faire escale**
Levar anclas	Atracar	Hacer escala
Lebár ánnclas	*Atracár*	*Aθér escála*

Par où va-t-on au port?
¿Por dónde se va al puerto?
Por dónndé sé ba al pouérto?

Quel jour (à quelle heure) part le bateau pour ...?
¿Qué día (a qué hora) sale el barco para ...?
Qué día (a qué óra) sálé el bárco pára ...?

Je voudrais un billet pour ...
Quiero un pasaje para ...
Quiéro oun passáhé pára ...

Je voudrais réserver une couchette/une cabine/un billet sur le pont
Quisiera reservar una litera/un camarote/un pasaje de cubierta
Quissiéra rréssérbár oúna litéra/oun camaróté/oun pas-sáhé dé coubiérta

Donnez-moi une cabine en première classe, s'il vous plaît
Déme un camarote de primera clase
Démé oun camaróté dé priméra clássé

Vous devez être au port deux heures avant le départ
Debe estar en el puerto dos horas antes de la salida
Débé éstár énn él pouérto doss óras ánntés dé la salída

Quel est le nom du bateau?

¿Cuál es el nombre del barco?

Couál éss él nómbré dél bárco?

Combien de temps dure dans la traversée?

¿Cuánto dura la travesía?

Couánnto doúra la trabéssía?

Pouvez-vous me donner quelques etiquettes pour les bagages?

¿Puede darme algunas etiquetas para el equipaje?

Pouédé dármé algoúnas étiquétas pára él équipáhé?

De quel quai part le bateau?

¿De qué muelle sale el barco?

Dé qué mouélié sálé él bárco?

De quel côté se trouve ma cabine?

¿En qué lado está mi camarote?

Énn qué ládo éstá mi camaróté?

Par ici. Faites attention à la tête!

Por aquí, ¡cuidado con la cabeza!

Por aquí, couidádo conn la cabéθa!

Ces colis vont dans la cale

Estos bultos tienen que ir en la bodega

Éstos boúltos tiénenn qué ir énn la bodéga

Combien d'escales y a-t-il avant d'arriver à ...?

¿Cuántas escalas haremos antes de llegar a ...?

Couánntas éscálas arémos ánntés dé liégár a ...?

Avons-nous de temps pour débarquer?
¿Hay tiempo para desembarcar?
Áï tiémmpo pára déssémmbarcár?

J'ai le mal de mer. Avez-vous quelque chose pour le mar de mer?
Estoy mareado. ¿Tiene Vd. algo contra el mareo?
Éstöï maréádo. Tiéné oustéd álgo cónntra él maréo?

Nous entrons déjà dans le port
Ya estamos entrando en el puerto
Ia éstámos énntránndo énn él pouérto

TRANSPORTS EN COMMUN

Autobus	**Métro**	**Taxi**
Autobús	Metro	Taxi
Aoutoboús	*Métro*	*Táxi*

Tramway	**Billet**	**Arrêt de bus**
Tranvía	Billete	Parada de autobús
Trannbía	*Biliété*	*Paráda dé aoutoboús*

Ligne	**Horaire**	**Arrêt demandé**
Línea	Horario	Parada solicitada
Línéa	*Orário*	*Paráda soliθitáda*

Je voudrais aller à ...
Quiero ir a ...
Quiéro ir a ...

Quel autobus (tramway) dois-je prendre?

¿Qué autobús (tranvía) tengo que tomar?

Qué aoutoboús (trannbía) ténngo qué tomár?

Où s'arrête le bus numéro ...?

¿Dónde para el autobús nº ...?

Dónndé pára él aoutoboús noúméro ...?

Cet autobus passe-t-il par ...?

¿Pasa este autobús por ...?

Pássa ésté aoutoboús por ...?

L'autobus passe tous les combien?

¿Con qué frecuencia pasa el autobús?

Conn qué frécouénnθia pássa él aoutoboús?

Quel bus (métro) dois-je prendre pour aller à la gare de chemin de fer?

¿Qué autobús (metro) tengo que coger para ir a la estación de trenes?

Qué aoutoboús (métro) ténngo qué cohér pára ir a la éstaθiónn dé trénés?

Quel est le prix d'un aller simple?

¿Cuánto cuesta un billete de ida?

Couánnto couésta oun biliété dé ída?

Deux billets, s'il vous plaît

Dos billetes, por favor

Doss biliétés, por fabór

À quelle station dois-je descendre pour aller à ...?

¿Dónde tengo que bajarme para ir a ...?

Dónndé ténngo qué bahármé pára ir a ...?

Cette place est-elle occupée/libre?

¿Está ocupado/libre este asiento?

Ésta ocoupádo/líbré ésté assiénnto?

Où puis-je trouver un taxi?

¿Dónde puedo encontrar un taxi?

Dónndé pouédo énnconntrár oun táxi?

Combien coûte un taxi jusqu'à l'aéroport?

¿Cuánto cuesta un taxi hasta el aeropuerto?

Couánnto couésta oun táxi ásta él aéropouérto?

Quel est le prix pour ...?

¿Cuál es la tarifa para ...?

Couál éss la tarífa pára ...?

Libre

Libre

Líbré

Emmenez-moi à ..., s'il vous plaît

Lléveme a la calle ...

Liébémé a la cálié ...

Savez-vous où se trouve ...?

¿Sabe Vd. dónde está ...?

Sábé oustéd dónndé éstá ...?

Arrêtez-vous ici, s'il vous plaît

Pare aquí, por favor

Páré aquí, por fabór

Pouvez-vous attendre un instant?

¿Puede esperar un momento?

Pouédé éspérár un moménnto?

Vous êtes arrivé

Ya hemos llegado

Ia émos liégádo

C'est combien?/Combien vous dois-je?

¿Cuánto es?/¿Qué le debo?

Couánnto éss?/Qué lé débo?

Gardez la monnaie

Quédese con la vuelta

Quédéssé conn la bouélta

HÔTELS

L'ARRIVÉE

Hôtel
Hotel
Otél

Pension
Pensión
Pénnsión

Auberge
Albergue
Albérgué

Réception
Recepción
Rréθépθiónn

Réceptionniste
Recepcionista
Rréθépθionísta

Gérant
Gerente
Hérénté

Concierge

Portero
Portéro

Groom

Botones
Botónés

Femme de chambre
Camarera
Camaréra

Client(e)
Huésped
Ouéspéd

Clef
Llave
Liábé

Pourboire
Propina
Propína

Ascenseur
Ascensor
Asθénnsór

Étage
Planta
Plánnta

Salle à manger
Comedor
Comédór

Salle de bain   **Séjour**   **Logement**
Cuarto de baño   Estancia   Alojamiento
Couárto dé bágno *Éstánnθia*   *Alohamiénnto*

Air conditionné   **Chauffage**
Aire acondicionado Calefacción
Áïré aconndiθionádo *Caléfakθiónn*

Haute (basse) saison
Temporada alta (baja)
Témmporáda álta (báha)

Chambre simple/double/avec deux lits
Habitación individual/doble/con dos camas
Abitaθiónn inndibidouál/dóblé/conn doss cámas

Avec petit déjeuner/demi-pension/pension complète
Con desayuno/media pensión/pensión completa
Conn déssaïoúno/média pénnsiónn/conn doss cámas

Avez-vous des chambres libres?
¿Tienen Vds. habitaciones libres?
Tiénénn oustédés abitaθiónés líbrés?

J'ai une réservation au nom de ...
Tengo reservada una habitación a nombre de ...
Ténngo rréssérbáda oúna abitaθiónn a nómbré dé ...

Je voudrais une chambre extérieure (intérieure)
Desearía una habitación exterior (interior)
Désséaría oúna abitaθiónn éxtériór (inntériór)

74

Je voudrais une chambre avec vue sur le lac
Quisiera una habitación con vistas al lago
Quissiéra oúna abitaθiónn conn bístas al lágo

Je voudrais une chambre avec salle de bain et téléphone
Quiero una habitación con baño y teléfono
Quiéro oúna abitaθiónn conn bágno i téléfono

Petit déjeuner compris?
¿Incluido el desayuno?
Innclouído él désaïoúno?

Quel est le prix?
¿Cuál es el precio?
Couál éss él préθio?

Ça fait ..., T.V.A. comprise
Son ..., I.V.A. incluido
Sonn ..., íba innclouído

Votre chambre est la chambre numéro ..., troisième étage, au fond du couloir
Su habitación es la número ... en la tercera planta, al fondo del pasillo
Sou abitaθiónn éss la noúméro ... énn la térθéra plánnta, al fónndo dél passílio

Est-ce que je peux voir la chambre?
¿Puedo ver la habitación?
Pouédo bér la abitaθiónn?

C'est bien. Je la prends
Está bien. Me quedo con ella
Éstá biénn. Mé quédo conn élia

Elle est trop petite. Est-ce que vous n'en avez pas une plus grande?

Es demasiado pequeña. ¿No tienen otra más amplia?

Éss démassiádo péquégna. No tiénénn ótra mass ámmplia?

Vous devez remplir ce formulaire

Tiene Vd. que rellenar la hoja de registro

Tiéné oustéd qué rréliénár la óha dé rrégístro

Combien de temps pensez-vous rester?

¿Cuánto tiempo piensa quedarse?

Couánnto tiémmpo piénnsa quédársé?

Cinq jours à peu près

Unos cinco días

Oúnos θínnco días

Veuillez faire monter mes bagages, s'il vous plaît

Súbanme el equipaje, por favor

Soúbanmé él équipáhé, por fabór

Pourrait-on me réveiller demain à sept heures?

Haga el favor de despertarme a las siete

Ága él fabór dé déspértármé a lass siété

LE SÉJOUR

Lit	**Matelas**	**Oreiller**
Cama	Colchón	Almohada
Cáma	*Coltchónn*	*Almoáda*

Serviette de toilette	**Savon**	**Verre**
Toalla	Jabón	Vaso
Toália	*Habónn*	*Básso*

Cendrier	**Coffre-fort**	**Réclamation**
Cenicero	Caja fuerte	Queja
θéniθéro	*Cáha fouérté*	*Quéha*

Ne pas déranger	**À laver**
No molestar	Para lavar
No moléstár	*Pára lábár*

Ma clef, s'il vous plaît, le numéro ...
Mi llave, por favor, número ...
Mi liábé, por fabór, noúméro ...

Montez mon petit déjeuner dans ma chambre, s'il vous plaît
Súbanme el desayuno a la habitación
Soúbanmé él déssaïoúno a la abitaθiónn

LE PETIT DÉJEUNER

Café
Café
Café

Thé
Té
Té

Lait
Leche
Létché

Chocolat
Chocolate
Tchocoláté

Pain
Pan
Pann

Beurre
Mantequilla
Manntéquília

Yaourt
Yogur
Yogúr

Oeuf
Huevo
Ouébo

Pain grillé
Tostada
Tostáda

Confiture
Mermelada
Mérméláda

Miel
Miel
Miél

Céréales
Cereales
θéréálés

Fromage
Queso
Quésso

Charcuterie
Fiambres
Fiámmbrés

Saucisse
Salchicha
Saltchítcha

Jus d'orange
Zumo de naranja
θoúmo dé naránnha

À quelle heure sert-on le dîner?
¿A qué hora se sirve la cena?
A qué óra sé sírbé la θéna?

La salle à manger est fermée

El comedor está cerrado

Él comédór éstá θérrádo

Mettez-le sur ma note. Chambre numéro ...

Cárguelo en mi cuenta. Habitación número ...

Cárguélo énn mi couénnta. Abitaθiónn noúméro ...

Pouvez-vous me répasser ce pantalon?

Por favor, pláncheme estos pantalones

Por fabór, plánntchémé éstos panntalónés

Y a-t-il du courier pour moi?

¿Hay cartas para mí?

Áï cártas pára mí?

Avez-vous un plan de la ville?

¿Tienen un plano de la ciudad?

Tiénénn oun pláno dé la θioudád?

Où est l'annuaire téléphonique?

¿Dónde está la guía telefónica?

Dónndé éstá la guía téléfónica?

Je voudrais téléphoner

Deseo hacer una llamada

Désséo aθér oúna liamáda

L'air conditionné ne marche pas

El aire acondicionado no funciona

Él áïré aconndiθionádo no founθióna

Il n'y a pas d'eau chaude

No hay agua caliente

No áï ágoua caliénnté

Où est-ce que je peux poster ces lettres?

¿Dónde puedo echar estas cartas?

Dónndé pouédo étchár éstas cártas?

Pouvez-vous appeler un taxi?

¿Pueden pedirme un taxi, por favor?

Pouédénn pédirmé oun táxi, por fabór?

Je voudrais un guide qui parle le français

Quiero un guía que hable francés

Quiéro oun guía qué áblé frannθés

Je voudrais louer une voiture

Quiero alquilar un coche

Quiéro alquilár oun cótché

Y a-t-il un garage dans l'hôtel?

¿Hay garaje en el hotel?

Áï garáhé énn él otél?

LE DÉPART

Nous partirons le ...
Nos vamos el ...
Noss bámos él ...

Pouvez-vous me préparer l'addition?
¿Quiere prepararme la cuenta?
Quiéré préparármé la couénnta?

Je crois qu'il y a une erreur. Voulez-vous la relire?
Creo que se han equivocado. Repásela, por favor
Créo qué sé an équibocádo. Rrepásséla, por fabór

Tout est compris?
¿Está todo incluido?
Ésta tódo innclouído?

Est-ce je peux laisser mes bagages ici jusqu'à midi?
¿Puedo dejar mi equipaje aquí hasta mediodía?
Pouédo déhár mi équipáhé aquí ásta médiodía?

Pouvez-vous faire descendre mes valises, s'il vous plaît

Bájenme las maletas, por favor

Báhénnmé lass malétas, por fabór

Bon voyage!

¡Buen viaje!

Bouénn biáhé!

Merci beaucoup pour tout!

¡Muchas gracias por todo!

Moútchas gráθias por tódo!

Y a-t-il un restaurant près d'ici?
¿Hay un restaurante cerca de aquí?
Áï oún réstaouránnté θérca dé aquí?

Pourriez-vous m'indiquer un bon restaurant?
¿Puede recomendarme un restaurante?
Pouédé rrécoménndármé oun réstaouránnté?

Je veux un/une ...
Quiero un/una ...
Quiéro oun/oúna ....

Que prendrez-vous?
¿Qué desea tomar?
Qué désséa tomár?

Avez-vous des plats chauds?
¿Tienen platos calientes?
Tiénénn plátos caliénntés?

Quelle sorte de ... avez-vous?

¿Qué tipo de ... tienen?

Qué típo dé ... tiénénn?

Où pouvons nous nous asseoir?

¿Dónde podemos sentarnos?

Dónndé podémos sénntárnos?

Pouvez-vous apporter un/une autre ...?

¿Puede traernos otro/a ...?

Pouédé traérnos ótro/a ...?

Avez-vous un téléphone?

¿Tienen teléfono?

Tiénénn téléfono?

Où sont les toilettes?

¿Dónde están los servicios?

Dónndé éstánn loss sérbíθios?

L'addition, s'il vous plaît

La cuenta, por favor

La couénnta, por fabór

C'est combien?

¿Cuánto es?

Couánnto éss?

BOISSONS

Café au lait
Café con leche
Café conn létché

Café noir
Café solo
Café sólo

Jus d'orange
Zumo de naranja
θoúmo dé naránnha

Lait froid/chaud
Leche fría/caliente
Létché fría/caliénnté

Thé citron/au lait
Té con limón/leche
Té conn limónn/létché

Chocolat chaud
Chocolate caliente
Tchocoláté caliénnté

Eau gazeuse/plate
Agua mineral con gas/sin gas
Ágoua minerál conn gass/sinn gass

Bière
Cerveza
θérbéθa

Bière pression
Caña
Cágna

Chope
Jarra
Hárra

Un verre de ...
Un vaso de ...
Oun básso dé ...

Une tasse de ...
Una taza de ...
Oúna táθa dé ...

LA TABLE

Table
Mesa
Méssa

Chaise
Silla
Sília

Nappe
Mantel
Manntél

Serviette
Servilleta
Sérbiliéta

Assiette
Plato
Pláto

Cuiller
Cuchara
Coutchára

Fourchette
Tenedor
Ténédór

Couteau
Cuchillo
Coutchílio

Petite cuiller
Cucharilla
Coutcharília

Verre
Vaso
Básso

Tasse
Taza
Táθa

Cendrier
Cenicero
θéniθéro

Garçon
Camarero
Camaréro

Addition
Cuenta
Couénnta

Pourboire
Propina
Propína

Pouvez-vous m'indiquer un restaurant typique?
¿Puede recomendarme un restaurante típico?
Pouédé rrécoménndármé oun réstaouránnté típico?

Une table pour deux, s'il vous plaît
Una mesa para dos, por favor
Oúna méssa pára doss, por fabór

Je voudrais réserver une table pour ... personnes pour ce soir à ...
Quisiera reservar una mesa para ... personas para las ...
Quissiéra rréssérbár oúna méssa pára ... pérsónas pára lass ...

Pouvons-nous avoir ...
¿Podemos tener ...
Podémos ténér ...

> **une table près de la fenêtre?**
> una mesa cerca de la ventana?
> *oúna méssa θérca dé la bénntána?*

> **une table sur la terrasse?**
> una mesa en la terraza?
> *oúna méssa énn la térráθa?*

> **une table dans le coin?**
> una mesa en el rincón?
> *oúna méssa énn él rinncónn?*

Cette table est-elle réservée?
¿Está reservada esta mesa?
Éstá rréssérbáda ésta méssa?

Où est-ce que nous pouvons nous asseoir?

¿Dónde podemos sentarnos?

Dónndé podémos sénntárnos?

J'attends des amis

Estoy esperando a unos amigos

Éstöï éspéránndo a oúnos amígos

Pouvez-vous apporter un apéritif?

¿Puede traerme un aperitivo?

Pouédé traérmé oun apéritíbo?

La carte, s'il vous plaît

¿Puede traerme la carta?

Pouédé traérmé la cárta?

Avez-vous une carte des vins?

¿Tiene una carta de vinos?

Tiéné oúna cárta dé bínos?

Pouvez-vous me conseiller quelque chose de spécial?

¿Puede recomendarme algo especial?

Pouédé rrécoménndármé álgo éspéθiál?

Quelle est la spécialité de la maison?

¿Cuál es la especialidad de la casa?

Couál éss la éspéθialidád dé la cássa?

Quel vin me conséillez-vous?

¿Qué vino me recomienda?

Qué bíno mé rrécomiénnda?

Cette viande n'est pas assez cuite. Pouvez-vous la cuire un peu plus?

Esta carne está poco hecha. ¿Pueden pasarla un poco más?

Ésta cárné está póco étcha. Pouéden passárla oun póco mass?

Qu'avez-vous comme dessert?

¿Qué tienen de postre?

Qué tiénénn dé póstré?

Prendrez-vous du café?

¿Tomarán café?

Tomaránn café?

L'addition, s'il vous plaît

La cuenta, por favor

La couénnta, por fabór

Acceptez-vous les cartes de crédit?

¿Puedo pagar con tarjeta?

Puédo pagár conn tarhéta?

Pouvez-vous me donner un reçu?

Necesito la factura

Néθéssíto la factoúra

Voici pour vous

Para usted

Pára oustéd

Auriez-vous du feu, s'il vous plaît?

Por favor, ¿me da fuego?

Por fabór, mé da fouégo?

VOCABULAIRE DE CUISINE

Frit
Frito
Fríto

Bouilli
Hervido
Érbído

Rôti
Asado
Assádo

Flambé
Flambeado
Flambéádo

Grillé
Tostado
Tostádo

Au four
Al horno
Al órno

Piquant
Picante
Picánté

Cru
Crudo
Croúdo

Aigre
Agrio
Ágrio

Fumé
Ahumado
Aoumádo

Salé
Salado
Saládo

Fade
Soso
Sósso

Saignant
Poco hecho
Póco étcho

À point
Bien hecho
Biénn étcho

Bien cuit
Muy hecho
Moui étcho

CONDIMENTS

Sel
Sal
Sal

Poivre
Pimienta
Pimiénnta

Épice
Especia
Éspéθia

Huile
Aceite
Aθéïté

Vinaigre
Vinagre
Binágré

Sauce
Salsa
Sálsa

Moutarde	**Mayonnaise**	**Poivron**
Mostaza	Mayonesa	Pimentón
Mostátha	*Mayonéssa*	*Piménntónn*

HORS D'OEUVRE

Beurre	**Pain**	**Olives**
Mantequilla	Pan	Aceitunas
Manntéquília	*Pann*	*Athéïtoúnas*

Fromage	**Jambon**	**Charcuterie**
Queso	Jamón	Embutidos
Quésso	*Hamónn*	*Émmboutídos*

OEUFS

Frit	**À la coque**	**Dur**
Frito	Pasado por agua	Duro
Fríto	*Passádo por ágoua*	*Doúro*

Brouillé	**Omelette**	**Sur le plat**
Revuelto	Tortilla	Al plato
Rrébouélto	*Tortília*	*Al pláto*

VIANDE

Veau	**Porc**	**Agneau**
Ternera	Cerdo	Cordero
Térnéra	*thérdo*	*Cordéro*

Boeuf	**Poulet**	**Canard**
Buey	Pollo	Pato
Bouëï	*Pólio*	*Páto*

Oie	**Foie**	**Rognons**
Oca	Hígado	Riñones
Óca	*Ígado*	*Rrignónés*

Viande hachée	**Côtelette**	**Tripes**
Carne picada	Chuleta	Callos
Cárné picáda	*Tchouléta*	*Cálios*

Steak	**Filet**	**Rôti**
Filete	Solomillo	Asado
Filété	*Solomílio*	*Assádo*

POISSONS ET FRUITS DE MER

Sardine	**Anchois**	**Thon**
Sardina	Anchoa	Atún
Sardína	*Anchóa*	*Atoúnn*

Sole	**Colin**	**Morue**
Lenguado	Merluza	Bacalao
Lénngouádo	*Mérloúθa*	*Bacaláo*

Saumon	**Rouget**	**Maquereau**
Salmón	Salmonete	Caballa
Salmónn	*Salmonété*	*Cabália*

Anguille	**Hareng**	**Truite**
Anguila	Arenque	Trucha
Annguíla	*Arénnqué*	*Troútcha*

Crevette	**Langoustine**	**Languste**
Gamba	Langostino	Langosta
Gámmba	*Lanngostíno*	*Lanngósta*

Moule	Huître	Crabe
Mejillón	Ostra	Cangrejo
Méhiliónn	*Óstra*	*Canngrého*

LÉGUMES

Laitue	Tomate	Pomme de terre
Lechuga	Tomate	Patata
Létchoúga	*Tomáté*	*Patáta*

Concombre	Oignon	Ail
Pepino	Cebolla	Ajo
Pépíno	*θébólia*	*Áho*

Piment	Carotte	Épinard
Pimiento	Zanahoria	Espinaca
Pimiénnto	*θanaória*	*Éspináca*

Asperge	Aubergine	Champignon
Espárrago	Berenjena	Seta
Éspárrago	*Berénnhéna*	*Séta*

Artichaut	Chou	Chou-fleur
Alcachofa	Col	Coliflor
Alcatchófa	*Col*	*Coliflór*

Haricots verts	Céleri	Poireau
Judías verdes	Apio	Puerro
Houdías bérdés	*Ápio*	*Pouérro*

Petits pois	Maïs	Betterave
Guisantes	Maíz	Remolacha
Guissánntés	*Maïθ*	*Rémolátcha*

FRUITS ET DESSERTS

Orange	**Citron**	**Pamplemousse**
Naranja	Limón	Pomelo
Naránnha	*Limónn*	*Pomélo*

Pomme	**Poire**	**Pêche**
Manzana	Pera	Melocotón
Mannθána	*Péra*	*Mélocotónn*

Prune	**Apricot**	**Cerise**
Ciruela	Albaricoque	Cereza
θirouéla	*Albaricóqué*	*θéréθa*

Fraise	**Framboise**	**Raisin**
Fresa	Frambuesa	Uva
Fréssa	*Frambouéssa*	*Oúba*

Banane	**Melon**	**Ananas**
Plátano	Melón	Piña
Plátano	*Mélónn*	*Pígna*

Gâteau	**Tarte**	**Glace**
Pastel	Tarta	Helado
Pastél	*Tárta*	*Éládo*

Crème	**Crème anglaise**	**Fromage**
Nata	Natillas	Queso
Náta	*Natílias*	*Quésso*

Macédoine de fruits	**Riz au lait**
Macedonia de frutas	Arroz con leche
Maθédónia dé froútas	*Arróθ conn létché*

BOISSONS

Eau
Agua
Ágoua

Limonade
Gaseosa
Gasséóssa

Vin
Vino
Bíno

Blanc
Blanco
Blánnco

Rouge
Tinto
Tínnto

Rosé
Rosado
Rossádo

Sec
Seco
Séco

Doux
Dulce
Doúlθé

Champagne
Champán
Tchampánn

Rhum
Ron
Ronn

Gin
Ginebra
Hinébra

Eau-de-vie
Aguardiente
Agouardiénnte

Liqueur
Licor
Licór

Anisette
Anís
Anís

PLATS TYPIQUES

Albóndigas con tomate *(albónndigas conn tomáté)*. Boulettes à la tomate.

Besugo al horno *(béssoúgo al órno)*. Daurade au four avec des ails frits et arrosé de jus de citron.

Champiñones al ajillo *(tchammpignónés al ahílio)*. Champignons avec des ails.

Cocido *(coθído)*. Pot au feu.

Ensaladilla rusa *(énnsaladília rroússa)*. Salade composée de pommes de terre cuites, oeufs durs, carottes, olives et thon, avec de la sauce mayonnaise.

Estofado de ternera *(éstofádo dé térnéra)*. Ragoût de veau.

Paella *(paélia)*. Du riz avec des morceaux de poulet, des moules, des crevettes, de la tomate et des épices.

Pollo asado *(pólio assádo)*. Poulet rôti.

Sopa de mariscos *(sópa dé maríscos)*. Soupe de fruits de mer.

Sopa de verduras *(sópa dé bérdoúras)*. Potage aux légumes.

MAGASINS

Boucherie
Carnicería
Carniθería

Charcuterie
Charcutería
Tcharcoutería

Tabac-journaux
Estanco
Éstánco

Pharmacie
Farmacia
Farmáθia

Quincaillerie
Ferretería
Férrétéría

Fleuriste
Floristería
Floristéría

Fruitier
Frutería

Froutería

Grand magasin
Grandes
almacenes

*Gránndés
almaθénés*

Herboristerie
Herboristería

Érboristéría

Bijouterie
Joyería
Hoyéría

Blanchisserie
Lavandería
Labanndéría

Librairie
Librería
Libréría

Marché/Halle

Mercado
Mércádo

Boulangerie

Panadería
Panadéría

Pâtisserie/confiserie
Pastelería
Pastéléría

Salon de coiffure
Peluquería
Pélouquéría

Parfumerie
Perfumería
Pérfouméría

Poissonnerie
Pescadería
Péscadéría

Opticien
Óptica
Óptica

Papeterie
Papelería
Papéléría

Supermarché
Supermercado
Soupérmércádo

97

Magasin de photographie	**Épicerie**	**Magasin de chaussures**
Tienda de fotos	Tienda de comestibles	Zapatería
Tiénnda dé fótos	*Tiénnda dé coméstíblés*	*θapatéría*

Antiquités	**Travaux artisanaux**	**Souvenirs**
Antigüedades	Artesanía	Recuerdos
Anntigouédádés	*Artéssanía*	*Rrécouérdos*

Ouvert	**Fermé**	**Caisse**
Abierto	Cerrado	Caja
Abiérto	*θérrádo*	*Cáha*

Entrée	**Sortie**	**Tirez**
Entrada	Salida	Tirar
Énntrada	*Salída*	*Tirár*

Poussez	**Vitrine**	**Comptoir**
Empujar	Escaparate	Mostrador
Émmpouhár	*Éscaparáté*	*Mostradór*

Vendeur/vendeuse	**Sortie de secours**
Dependiente/a	Salida de emergencia
Dépénndiénnté/a	*Salída dé émérhénnθia*

Les chèques ne sont pas acceptés	**Livre des réclamations**
No se admiten cheques	Libro de reclamaciones
No sé admíténn tchéqués	*Líbro dé réclamaθiónés*

DANS UNE LIBRAIRIE

Livre	**Dictionnaire**	**Roman**
Libro	Diccionario	Novela
Líbro	*Dikθionário*	*Nobéla*

Carte postale	**Journal**	**Magazine**
Postal	Periódico	Revista
Postál	*Périódico*	*Rrébísta*

Styloq-bille)	**Stylo**	**Crayon**
Bolígrafo	Pluma	Lápiz
Bolígrafo	*Ploúma*	*Lápiθ*

Marqueur	**Enveloppe**	**Papier à lettres**
Rotulador	Sobre	Papel de carta
Rrotouladór	*Sóbré*	*Papél dé cárta*

Guide	**Carte**	**Plan**
Guía	Mapa	Plano
Guía	*Mápa*	*Pláno*

Donnez-moi ...	**Je voudrais/j'aimerais ...**
Déme ...	Quería/quisiera ...
Démé ...	*Quería/quissiéra ...*

Avez-vous des journaux/revues/livres français?
¿Tiene periódicos/revistas/libros franceses?
Tiéné periódicos/rrébístas/líbros franθéssés?

Où est-ce que je peux acheter une carte routière?
¿Dónde puedo comprar un mapa de carreteras?
Dónndé pouédo comprár oun mápa dé carrétéras?

Je cherche un livre sur ... Pouvez-vous m'aider?
Estoy buscando un libro sobre ... ¿Puede ayudarme?
Éstoï bouscánndo oun líbro sóbré ... Pouédé aïoudármé?

Je voudrais un livre sur l'histoire et l'art de cette ville
Quisiera un libro sobre la historia y el arte de esta ciudad
Quissiéra oun líbro sóbré la istória i él árté dé ésta θioudád

Est-il traduit en français?
¿Está traducido al francés?
Éstá tradouθído al frannθés?

DANS UNE PHARMACIE

Ordonnance	Pastille	Pilule
Receta	Pastilla	Píldora
Rréθéta	*Pastília*	*Píldora*

Sirop	**Pommade**	**Suppositoire**
Jarabe	Pomada	Supositorio
Harábé	*Pomáda*	*Soupossitório*
Laxatif	**Calmant**	**Piqûre**
Laxante	Calmante	Inyección
Laxánté	*Calmánnté*	*Innyékθiónn*
Bandage	**Pansements**	**Coton**
Venda	Tiritas	Algodón
Bénnda	*Tirítas*	*Algodónn*
Gaze	**Alcool**	**Thermomètre**
Gasa	Alcohol	Termómetro
Gássa	*Alcoól*	*Térmómétro*
Serviettes hygiéniques	**Couche-culotte**	**Dentifrice**
Compresas	Pañales	Pasta de dientes
Commpréssas	*Pagnálés*	*Pásta dé diénntés*

Brosse à dents
Cepillo de dientes
θépílio dé diénntés

Mouchoirs en papier
Pañuelos de papel
Pagnouélos dé papél

Pharmacie de garde
Farmacia de guardia
Farmáθia dé gouárdia

Pourriez-vous me donner quelque chose contre ...?
¿Puede darme algo contra ...?
Pouédé dármé álgo cónntra ...?

Fièvre	Rhume	Toux
Fiebre	Resfriado	Tos
Fiébré	*Rrésfriádo*	*Toss*

Mal à la tête	Mal aux dents	Diarrhée
Dolor de cabeza	Dolor de muelas	Diarrea
Dolór dé cabéθa	*Dolór dé mouélas*	*Diarréa*

Constipation	Mal au coeur	Insomnie
Estreñimiento	Mareo	Insomnio
Éstrégnimiénnto	*Maréo*	*Innsómnio*

Brûlure	Piqûre	Coup de soleil
Quemadura	Picadura	Insolación
Quémadoúra	*Picadoúra*	*Innsolaθiónn*

DANS DES GRANDS MAGASINS

Escaliers	Escalator	Ascenseur
Escaleras	Escaleras mecánicas	Ascensor
Éscaléras	*Éscaléras mécánicas*	*Asθénnsór*

Étagère	Cabine d'essayage	Soldes
Estantería	Probador	Rebajas
Éstanntéría	*Probadór*	*Rrébáhas*

Rez-de-chaussée	Premier, deuxième, ... étage
Planta baja	Primera, segunda, ... planta
Plánnta báha	*Priméra, ségoúnda, ... plánnta*

Rayon Disques/Cadeaux/Jouets/Sport...
Sección de discos/regalos/juguetes/deporte ...
Sékθiónn dé díscos/rrégálos/houguétés/dépórté ...

VÊTEMENTS ET ACCESSOIRES

Manteau	**Imperméable**	**Gabardine**
Abrigo	Impermeable	Gabardina
Abrígo	*Immpérméáblé*	*Gabardína*

Pantalon	**Jean**	**Short**
Pantalones	Vaqueros	Pantalones cortos
Panntalónés	*Baquéros*	*Panntalónés córtos*

Pull-over	**Veste**	**Maillot de corps**
Jersey	Chaqueta	Camiseta
Hérséï	*Tchaquéta*	*Camisséta*

Gilet	**Tee-shirt**	**Slip**
Chaleco	Camiseta	Calzoncillos
Tchaléco	*Camisséta*	*Calθonnθílios*

Chaussettes	**Cravate**	**Chemise**
Calcetines	Corbata	Camisa
Calθétínés	*Corbáta*	*Camíssa*

Blouse	Jupe	Cardigan
Blusa	Falda	Rebeca
Bloússa	*Fálda*	*Rrébéca*

Costume	Robe	Robe de nuit
Traje	Vestido	Traje de noche
Tráhé	*Béstído*	*Tráhé dé nótché*

Soutien-gorge	Collants	Culotte
Sujetador	Medias	Bragas
Souhétadór	*Médias*	*Brágas*

Robe de chambre	Pyjama	Chemise de nuit
Bata	Pijama	Camisón
Báta	*Piháma*	*Camissónn*

Gants	Écharpe	Parapluie
Guantes	Bufanda	Paraguas
Gouánntés	*Boufánnda*	*Parágouas*

Mouchoir	Ceinture	Sac à main
Pañuelo	Cinturón	Bolso
Pagnouélo	*θinntourónn*	*Bólso*

Portemonnaie	Chapeau	Éventail
Monedero	Sombrero	Abanico
Monédéro	*Sommbréro*	*Abaníco*

Bague	Boucle d'oreille	Bracelet
Anillo	Pendiente	Pulsera
Anílio	*Pénndiénnté*	*Poulséra*

Maillot de bain
Bañador
Bagnadór

Survêtement
Chándal
Tchánndal

Matières

Coton
Algodón
Algodónn

Cuir
Piel
Piél

Lin
Lino
Líno

Laine
Lana
Lána

Velours
Terciopelo
Térθiopélo

Soie
Seda
Séda

Viscose
Viscosa
Biscóssa

Nylon
Nilón
Nilón

Satin
Raso
Rrásso

Couleurs

Blanc
Blanco
Blánnco

Noir
Negro
Négro

Rouge
Rojo
Róho

Bleu
Azul
Aθoúl

Jaun
Amarillo
Amarílio

Marron
Marrón
Marrónn

Vert
Verde
Bérdé

Gris
Gris
Griss

Mauve
Malva
Málba

Violet	Orange	Rose
Morado	Naranja	Rosa
Morádo	*Naránnha*	*Rróssa*

Clair	Foncé
Claro	Oscuro
Cláro	*Oscoúro*

À quel étage se trouve le rayon Sport?
¿En qué planta está la sección de deportes?
Énn qué plánnta éstá la sékθiónn dé depórtés?

Au rez-de-chaussée
En la planta baja
Énn la plánnta báha

Je voudrais voir les chemises à rayures
Quisiera ver algunas camisas de rayas
Quissiéra bér algoúnas camíssas dé rráïas

Je la veux avec des manches courtes/longues
La quiero de manga corta (larga)
La quiéro dé mánnga córta (lárga)

C'est en quoi ça?
¿De qué es?
Dé qué éss?

Avez-vous d'autres modèles?
¿Tienen otros modelos?
Tiénénn ótros modélos?

Je la prends
Me quedo con ésta
Mé quédo conn ésta

S'il vous plaît, montrez-moi des cravates en soie naturelle
Por favor, enséñeme corbatas de seda natural
Por fabór, énnségnémé corbátas dé séda natourál

De quelle couleur?
¿De qué color?
Dé qué colór?

Celui-ci/celle-ci me plaît
Me gusta éste/ésta
Mé goústa éstél/ésta

Combien le tout?
¿Cuánto es todo?
Couánnto éss tódo?

Où est la caisse?
¿Dónde está la caja?
Dónndé éstá la cáha?

En liquide ou avec carte bleue?
¿En efectivo o con tarjeta?
Énn éféctíbo o conn tarhéta?

Pouvez-vous me faire un paquet-cadeau?
¿Podría envolvérmelo para regalo?
Podría énnbolbérmélo pára rrégálo?

DANS UN MAGASIN DE CHAUSSURES

Chaussures	**Bottes**	**Sandales**
Zapatos	Botas	Sandalias
θapátos	*Bótas*	*Sanndálias*

Semelle	**Talon**	**Lacet**
Suela	Tacón	Cordón
Souéla	*Tacónn*	*Cordónn*

Cuir	**Daim**	**Caoutchouc**
Piel	Ante	Goma
Piél	*Ánnté*	*Góma*

Mocassins	**Pantoufles**
Mocasines	Zapatillas
Mocassínés	*θapatílias*

Je voudrais une paire de chaussures à talons hauts
Deseo un par de zapatos de tacón alto
Désséo oun par dé θapátos dé tacónn álto

Comment les voulez-vous?

¿Cómo los quiere?

Cómo loss quiéré?

Avec des lacets et imperméables

Con cordones y que sean buenos para la lluvia

Conn cordónés i qué séann bouénos pára la lioúbia

Quelle est votre pointure?

¿Qué número calza?

Qué noúméro cálθa?

Ils me gênent un peu

Me aprietan un poco

Mé apriétann oun póco

Ils sont trop grands

Me quedan demasiado grandes

Mé quédann démassiádo gránndés

Essayez ce numéro

Pruébese este otro número

Prouébéssé ésté ótro noúméro

Ceux-ci me vont bien

Éstos me están bien

Éstos mé éstán biénn

Quel est leur prix?

¿Cuánto valen?

Couánnto bálénn?

DANS UNE PARFUMERIE

Savon
Jabón
Habónn

Shampooing
Champú
Tchammpoú

Deódorant
Desodorante
Déssodoránnté

Gel douche

Gel de baño
Hel dé bágno

Laque

Laca
Láca

Crème bron-zante

Bronceador
Bronnθéadór

Peigne
Peine

Péïné

Brosse
Cepillo

θépílio

Brosse à dents
Cepillo de dientes

θépílio dé diénntés

Dentifrice
Pasta de dientes
Pásta dé diénntés

Ciseaux
Tijeras
Tihéras

Eau de Cologne
Colonia
Colónia

Maquillage
Maquillaje
Maquilláhé

Vernis
Esmalte
Ésmálté

Rimmel
Rímel
Rímél

Rouge à lèvres
Barra de labios
Bárra dé lábios

Crème épilatoire
Depilatorio
Dépilatório

Crème nettoyante
Crema limpiadora
Créma limmpiadóra

Crème nutritive
Crema nutritiva
Créma noutritíba

Parfum		**Mousse coiffante**
Perfume		Espuma (para el cabello)
Pérfoúmé		*Éspoúma (pára él cabélio)*

Rasoir	**Lotion**	**Mousse à raser**
Maquinilla de afeitar	Loción	Espuma de afeitar
Maquinília dé afeïtár	*Loθiónn*	*Éspoúma dé afeïtár*

DANS UN MAGASIN DE PHOTO

Appareil photo	**Objectif**	**Viseur**
Cámara	Objetivo	Visor
Cámara	*Obhétíbo*	*Bisór*

Filtre	**Diaphragme**	**Déclencheur**
Filtro	Diafragma	Disparador
Fíltro	*Diafrágma*	*Disparadór*

Pellicule	**Couleur**	**Noir et blanc**
Carrete	Color	Blanco y negro
Carrété	*Colór*	*Blánnco i négro*

Diapositive	**Négatif**	**Grandeur**
Diapositiva	Negativo	Tamaño
Diapossitíba	*Négatíbo*	*Tamágno*

Agrandissement	**Copie**	**Photo**
Ampliación	Copia	Foto
Ammpliaθiónn	*Cópia*	*Fóto*

Batterie	**Brillant**	**Mate**
Pila	Brillo	Mate
Píla	*Brílio*	*Máté*

Je voudrais une pellicule de 24 poses pour cet appareil
Por favor, ¿me da un carrete de 24 fotos para esta cámara?
Por fabór, mé da oun carrété dé bëïnnticouátro fótos pára ésta cámara?

Pouvez-vous développer cette pellicule et tirer deux exemplaires de chaque photo?
¿Puede revelar este carrete y sacar dos copias de cada foto?
Pouédé rrébélár ésté carrété i sacár doss cópias dé cáda fóto?

Pouvez-vous agrandir ces copies?
¿Puede ampliarme estas copias?
Pouédé ammpliármé éstas cópias?

Quel est le prix du développement?
¿Cuánto cuesta el revelado?
Couánnto couésta él rrébéládo?

Faites-vous des photos d'identité?

¿Hace Vd. fotos de carné?

Áθé oustéd fótos dé carné?

Mon appareil ne fonctionne plus. Pouvez-vous voir ce qui ne va pas?

Mi cámara no funciona, ¿puede Vd. ver qué le pasa?

Mi cámara no founθióna, pouédé oustéd bér qué lé pássa?

CHEZ L'OPTICIEN

Lunettes	Verres de contact/ Lentilles	Lunettes de soleil
Gafas	Lentes de contacto	Gafas de sol
Gáfas	*Lénntés dé conntácto*	*Gáfas dé sol*

J'ai cassé un verre de mes lunettes. Pouvez-vous en refaire un autre?

Se me ha roto un cristal. ¿Pueden hacerme otro nuevo?

Sé mé a rróto oun cristál. Pouédénn aθérmé ótro nouébo?

Quand seront-elles prêtes?
¿Cuándo estarán listas?
Couánndo éstaránn lístas?

Pouvez-vous me faire une ordonnance pour des nouveaux verres?
Quiero revisarme la vista
Quiéro rrébissármé la bísta

J'ai besoin du liquide pour nettoyer les lentilles
Necesito un líquido limpiador de lentillas
Néθessíto oun líquido limmpiadór dé lénntílias

CHEZ LE FLEURISTE

Rose	**Oeillet**	**Marguerite**
Rosa	Clavel	Margarita
Róssa	*Clabél*	*Margaríta*

Orchidée	**Lis**	**Lis blanc**
Orquídea	Lirio	Azucena
Orquídéa	*Lírio*	*Aθouθéna*

Violette	**Pensée**	**Dahlia**
Violeta	Pensamiento	Dalia
Bioléta	*Pénnsamiénnto*	*Dália*

Nard	**Gardenia**	**Hyacinthe**
Nardo	Gardenia	Jacinto
Nárdo	*Gardénia*	*Haθínnto*

Narcisse	**Chrysanthème**	**Tulipe**
Narciso	Crisantemo	Tulipán
Narθísso	*Crissantémo*	*Toulipánn*

Je voudrais commander un bouquet de fleurs
Quería encargar un ramo de flores
Quería énncargár oun rrámo dé flórés

Vous pouvez choisir entre des roses ou des oeillets de differentes couleurs
Puede escoger entre rosas o claveles de varios colores
Pouédé éscohér énntré rróssas o clabélés dé bários colórés

Je veux un bouquet de fleurs sèches
Deseo un ramo de flores secas
Désséo oun rrámo dé flórés sécas

Comment s'appellent ces fleurs?
¿Cómo se llaman estas flores?
Cómo sé liámann éstas flórés?

Quel est le prix de cette fougère?
¿Cuánto cuesta este helecho?
Couánnto couésta ésté élétcho

Pouvez-vous l'envoyer à cette adresse demain avant midi?
¿Pueden mandarlo a esta dirección mañana antes de las doce?
Pouédénn manndárlo a ésta dirékθiónn magnána ánntés dé lass dóθé?

Envoyez aussi cette carte, s'il vous plaît
Envíen también esta tarjeta, por favor
Énnbíénn tammbiénn ésta tarhéta, por fabór

AU TABAC - JOURNAUX

Tabac	Timbre	Cigarette
Tabaco	Sello	Cigarrillo
Tabáco	*Sélio*	*θigarrílios*

Blond/brun	Cigare	Allumettes
Rubio/negro	Puro	Cerillas
Roúbio/négro	*Poúro*	*θérílias*

Briquet	Pipe	Fume-cigarette
Encendedor	Pipa	Boquilla
Énnθénndédór	*Pípa*	*Boquília*

Donnez-moi un paquet de cigarettes sans filtre, s'il vous plaît
Déme un paquete de cigarrillos sin filtro, por favor
Démé oun paquété dé θigarrílios sinn fíltro, por fabór

Donnez-moi aussi une boîte d'allumettes, s'il vous plaît
Déme también una caja de cerillas, por favor
Démé tammbiénn oúna cáha dé θerílias, por fabór

CHEZ LE COIFFEUR

Coiffeur	**Cheveux**	**Ciseaux**
Peluquero	Pelo (cabello)	Tijeras
Pélouquéro	*Pélo (cabélio)*	*Tihéras*
Peigne	**Brosse**	**Sèche-cheveux**
Peine	Cepillo	Secador
Péïné	*θépílio*	*Sécadór*
Coupe	**Shampooing**	**Coiffure**
Corte de pelo	Lavado	Peinado
Córté dé pélo	*Labádo*	*Péïnádo*
Manicure	**Teinture**	**Raser**
Manicura	Tinte	Afeitado
Manicoúra	*Tínnté*	*Aféïtádo*
Barbe	**Moustache**	**Favoris**
Barba	Bigote	Patillas
Bárba	*Bigóté*	*Patílias*
Frange	**Boucle**	**Tresse**
Flequillo	Rizo	Trenza
Fléquílio	*Rríθo*	*Trénnθa*

Faites-moi la barbe, s'il vous plaît

Deseo afeitarme

Désséo aféïtármé

Je voudrais une coupe au rasoir

Córteme el pelo a navaja

Córtémé él pélo a nabáha

Que désirez-vous, madame?

¿Qué va a ser, señora?

Qué ba a sér, ségnóra?

Je désire une coupe comme celle-ci

Quiero un corte como éste

Quiéro oun córté cómo ésté

Pas trop court

No me corte mucho

No mé córté moútcho

Je voudrais me teindre les cheveux/me faire une minivague

Quisiera teñirme el pelo/hacerme un moldeador

Quissiéra tégnírmé él pélo/aθérmé oun moldéadór

La même couleur?

¿Del mismo color?

Dél mísmo colór?

Un peu plus foncée/claire

Un poco más oscuro/claro

Oun póco mass oscoúro/cláro

L'eau est trop chaude/froide
El agua está demasiado caliente/fría
Él ágoua éstá démassiádo caliénnté/fría

J'ai les cheveux gras/secs
Tengo el cabello graso/seco
Ténngo él cabélio grásso/séco

Comment voulez-vous que je vous peigne?
¿Cómo la peino?
Cómo la péïno?

Tout en arrière, sans raie
Todo hacia atrás, sin raya
Tódo áθia atrás, sinn räïa

Comme vous voudrez
Como le parezca
Cómo lé paréθca

C'est bien comme ça, merci
Así está bien, gracias
Assí éstá biénn, gráθias

MUSÉES ET CENTRES D'INTÉRÊT

Musée
Museo
Mousséo

Cathédrale
Catedral
Catédrál

Monument
Monumento
Monouménnto

Heures de visite
Horas de visita
Óras dé bissíta

Entrée libre
Entrada libre
Énntráda líbré

Billet
Entrada
Énntráda

Ouvert
Abierto
Abiérto

Fermé
Cerrado
θérrádo

Catalogue
Catálogo
Catálogo

Guide
Guía
Guía

Salle
Sala
Sála

Exposition
Exposición
Expossiθiónn

Tableau	**Dessin**	**Gravure**
Cuadro	Dibujo	Grabado
Couádro	*Dibóuho*	*Grabádo*

Art	**Sculpture**	**Peinture**
Arte	Escultura	Pintura
Árté	*Éscoultoúra*	*Pinntoúra*

Châpelle	**Cloître**	**Coupole**
Capilla	Claustro	Cúpula
Capília	*Cláoustro*	*Coúpoula*

Palais	**Tour**	**Cour**
Palacio	Torre	Patio
Paláθio	*Tórré*	*Pátio*

Marbre	**Bronze**	**Pierre**
Mármol	Bronce	Piedra
Mármol	*Brónθé*	*Piédra*

Quels sont les centres d'intérêt touristique de cette ville?

¿Qué lugares de interés hay en esta ciudad?

Qué lougárés dé inntéréss äï énn ésta θioudád?

Le musée ..., l'église de ... et l'hôtel de ville ont un intérêt touristique spécial

El museo ..., la iglesia de ... y el Ayuntamiento tienen un especial interés turístico

Él mousséo ..., la igléssia dé ... i él aïountamiénnto tiénénn oun éspéθiál inntéréss tourístico

À quelle heure ouvre le Musée des Beaux-Arts?
¿A qué hora abre el Museo de Bellas Artes?
A qué óra ábré él mousséo dé bélias ártés?

Est-ce qu'on peut faire une visite guidée?
¿Se puede hacer una visita con guía?
Sé pouédé aθér oúna bissíta conn guía?

Défense de photographier
Prohibido hacer fotografías
Proïbído aθér fotografías

À quel siècle appartient-il?
¿De qué siglo es?
Dé qué síglo éss?

AMUSEMENTS

Salle de concerts	**Théâtre**	**Cinéma**
Sala de conciertos	Teatro	Cine
Sála dé connθiértos	*Téátro*	*θíné*
Billet	**Guichet**	**Affiche**
Entrada	Taquilla	Cartel
Énntráda	*Taquília*	*Cartél*
Place	**Rang**	**Couloir**
Asiento	Fila	Pasillo
Assiénnto	*Fíla*	*Passílio*
Vestiaire	**Ouvreuse**	**Première**
Guardarropa	Acomodadora	Estreno
Gouardarrópa	*Acomodadóra*	*Éstréno*

Vente anticipée	**Complet**
Venta anticipada	Agotadas las localidades
Bénnta annti θipáda	*Agotádas lass localidádes*

CONCERTS

Musique	**Musicien**	**Orchestre**
Música	Músico	Orquesta
Moússica	*Moússico*	*Orquésta*

Chef d'orchestre	**Chantant/e**	**Public**
Director	Cantante	Público
Diréctór	*Canntánnté*	*Poúblico*

Quelle orchestre joue?
¿Qué orquesta toca?
Qué orquésta tóca?

Donnez-moi deux loges pour le concert de ce soir, s'il vous plaît
Déme dos palcos para el concierto de esta noche
Déme doss pálcos pára él connθiérto dé ésta nótché

Je voudrais une place du rang ...
Deseo un asiento en la fila ...
Désséo oun assiénnto énn la fíla ...

THÉÂTRE

Pièce	**Acteur**	**Actrice**
Obra	Actor	Actriz
Óbra	*Actór*	*Actríθ*

Scène	**Rideau**	**Décors**
Escenario	Telón	Decorado
Ésθénário	*Télónn*	*Décorádo*

Séance	**Acte**	**Entracte**
Función	Acto	Entreacto
Founθiónn	*Ácto*	*Énntréácto*

Quelle pièce joue-t-on ce soir au théâtre ...?
¿Qué ponen en el Teatro ... esta noche?
Qué pónénn énn él téátro ... ésta nótché?

À quelle heure commence-t-elle?
¿A qué hora empieza?
A qué óra émmpiéθa?

Combien dure-t-elle?
¿Cuánto dura la obra?
Couánnto doúra la óbra?

Deux fauteuils au centre, s'il vous plaît
Dos butacas centrales, por favor
Doss boutácas θénntrálés, por fabór

CINÉMA

Film	**Écran**	**Séance**
Película	Pantalla	Sesión
Pélícoula	*Panntália*	*Séssiónn*

Documentaire	**Dessins animés**
Documental	Dibujos animados
Docouménntál	*Diboúhos animádos*

Où est-ce que l'on projette le nouveau film de ...?
¿Dónde proyectan la nueva película de ...?
Dónndé proïéctann la nuéba pélícoula dé ...?

C'est en version originale (en V.O.) sous-titrée?
¿Es en versión original con subtítulos?
Éss énn bérsiónn orihinál conn soubtítoulos?

Non, c'est un film doublé
No, está doblada
No, éstá doblàda

SUR LA PLAGE/À LA PISCINE

Plage	**Mer**	**Piscine**
Playa	Mar	Piscina
Pláïa	*Mar*	*Pisθína*

Sable	**Vague**	**Bord**
Arena	Ola	Orilla
Aréna	*Óla*	*Orília*

Barque	**Parasol**	**Transat**
Barca	Sombrilla	Tumbona
Bárca	*Sommbrília*	*Toumbóna*

Maillot de bain	**Plongeoir**	**Douche**
Bañador	Trampolín	Ducha
Bagnadór	*Trammpolínn*	*Doútcha*

Est-il dangereux de se baigner ici?
¿Es peligroso bañarse aquí?
Éss péligrósso bagnársé aquí?

L'eau est très sale
El agua está sucia
Él ágoua éstá soúθia

Il y a beaucoup de roches
Hay muchas rocas
Áï moútchas rrócas

EN CAMPING

Camping	**Tente**	**Caravane**
Camping	Tienda de campaña	Caravana
Cámping	*Tiénnda dé cammpágna*	*Carabána*

126

Sac de couchage	**Marteau**	**Lampe de poche**
Saco de dormir	Martillo	Linterna
Sáco dé dormír	*Martílio*	*Linntérna*

Bouteille à gaz	**Ouvre-boîtes**	**Canif**
Bombona de butano	Abrelatas	Navaja
Bombóna de boutáno	*Abrélátas*	*Nabáha*

Tire-bouchons	**Prise de courant**	**Toilettes**
Sacacorchos	Enchufe	Servicios
Sacacórtchos	*Énntchoúfé*	*Sérbíθios*

Je cherche un camping près de la plage
Estoy buscando un camping cerca de la playa
Éstöï bouscánndo oun cámping θérca dé la pläïa

Quel est le prix par jour?
¿Cuál es la tarifa diaria?
Couál éss la tarífa diária?

Est-ce qu'on peut camper ici?
¿Podemos montar la tienda aquí?
Podémos monntár la tiénnda aquí?

Où est-ce que je peux garer ma voiture?
¿Dónde puedo aparcar el coche?
Dónndé pouédo aparcár él cótché?

Je pense y rester ... jours
Quiero quedarme ... días
Quiéro quédármé ... días

L'eau est-elle potable?
¿Es agua potable?
Éss ágoua potáblé?

Est-ce qu'on peut faire du feu?
¿Podemos encender fuego?
Podémos énθénndér fouégo?

Est-il surveillé?
¿Está vigilado?
Éstá bihiládo?

Y a-t-il un supermarché près d'ici?
¿Hay un supermercado cerca?
Áï oun soupérmércádo θérca?

SPORTS

Centre sportif	**Court de tennis**	**Gymnase**
Centro deportivo	Pista de tenis	Gimnasio
θénntro déportíbo	*Písta dé ténis*	*Himnássio*

Terrain de golf	**Terrain de foot**	**Piscine**
Campo de golf	Campo de fútbol	Piscina
Cámmpo dé golf	*Cámpo dé foútbol*	*Pisθína*

Je voudrais louer des clubs de golf

Quisiera alquilar unos palos de golf

Quissiéra alquilár oúnos pálos dé golf

Y a-t-il des moniteurs de ski nautique?

¿Hay monitores de esquí acuático?

Áï monitórés dé ésquí acouático?

Combien coûte une leçon?

¿Cuánto cuesta una hora de clase?

Couánnto couésta oúna óra dé clássé?

Je voudrais résérver une piste pour demain à ...

Quisiera reservar una pista para mañana a las ...

Quissiéra rréssérbár oúna písta pára magnána a lass ...

LA BANQUE

Banque	**Caisse d'épargne**	**Change**
Banco	Caja de ahorros	Cambio
Bánnco	*Cáha dé aórros*	*Cámmbio*

Argent	**Monnaie**	**Billet**
Dinero	Moneda	Billete
Dinéro	*Monéda*	*Biliété*

Chèque	**Carte de crédit**	**Chèque de voyage**
Cheque	Tarjeta de crédito	Cheque de viaje
Tchéqué crédito	*Tarhéta dé*	*Tchéqué dé biáhé*

Cours	**Devises**	**Guichet**
Cotización	Divisas	Ventanilla
Cotiθaθiónn	*Dibíssas*	*Bénntanília*

Caisse
Caja
Cáha

Reçu
Recibo
Rréθíbo

Compte
Cuenta
Couénnta

Compte courant
Cuenta corriente
Couénnta corriénnté

Lettre de change
Letra de cambio
Létra dé cámmbio

Distributeur automatique de billets
Cajero automático
Cahéro aoutomático

Argent liquide
Dinero en efectivo
Dinéro énn éféctíbo

Où est-ce que je peux changer de l'argent?
¿Dónde puedo cambiar dinero?
Dónndé pouédo cammbiár dinéro?

Quel est l'horaire des banques?
¿Cuál es el horario de los bancos?
Couál éss él orário dé loss bánncos?

Je voudrais changer ce chèque de voyage
Quería cambiar este cheque de viaje
Quéría cammbiár ésté tchéqué dé biáhé

Avez-vous reçu un virement de ... au nom de ...?
¿Han recibido una transferencia de ... a nombre de ...?
Ann rréθibído oúna transférénnθia dé ... a nómbré dé ...?

Est-ce que je peux encaisser ce chèque au porteur?
¿Puedo cobrar este cheque al portador?
Pouédo cobrár ésté tchéqué al portadór?

Signez ici, s'il vous plaît
Firme aquí, por favor
Fírmé aquí, por fabór

Passez à la caisse/guichet numéro ...
Pase por caja/ventanilla nº ...
Pássé por cáha/bénntanília noúméro ...

LA POSTE

Bureau de poste	**Lettre**	**Carte postale**
Correos	Carta	Postal
Corréos	*Cárta*	*Postál*

Timbre	**Afranchissement**	**Paquet/colis**
Sello	Franqueo	Paquete
Sélio	*Frannquéo*	*Paquété*

Poste restante	**Adresse**	**Code postal**
Lista de correos	Dirección	Código postal
Lísta dé corréos	*Dirékθiónn*	*Código postál*

Expéditeur	**Destinataire**	**Par la poste**
Remitente	Destinatario	Por correo
Rrémiténnté	*Déstinatário*	*Por corréo*

Par avion	**Lettre recommandée**
Por avión	Carta certificada
Por abiónn	*Cárta θértificáda*

Lettre exprès	**Imprimés**
Carta urgente	Impresos
Cárta ourhénnté	*Immpréssos*

Contre remboursement	**Boîte postale**
Contra reembolso	Apartado de correos
Cónntra rréémmbólso	*Apartádo dé corréos*

À quelle heure ouvre le bureau de poste?
¿A qué hora abre Correos?
A qué óra ábré corréos?

Combien coûte une carte postale pour la France?
¿Cuál es el franqueo de una postal para Francia?
Couál éss él frannquéo dé oúna postál pára fránnθia?

Je voudrais envoyer ce paquet par avion
Quiero enviar este paquete por avión
Quiéro énnbiár ésté paquété por abiónn

Pouvez-vous m'aider à remplir cet imprimé?
¿Puede ayudarme a rellenar este impreso?
Pouédé aïoudárme a rréliénár ésté immprésso?

Y a-t-il quelque lettre au nom de ... à la poste restante?
¿Hay cartas a nombre de ... en Lista de Correos?
Áï cártas a nómbré dé ... énn lísta dé corréos?

Quelles sont les pièces d'identité dont j'ai besoin pour retirer un colis?
¿Qué documentos necesito para recoger un paquete?
Qué docouménntos néθéssíto pára rrécohér oun paquété?

Je voudrais encaisser ce mandat postal
Deseo cobrar este giro postal
Désséo cobrár ésté híro postál

TÉLÉPHONE

Cabine	**Appel**
Cabina	Llamada
Cabína	*Liamáda*

Je voudrais parler à ...
¿Puedo hablar con ...?
Pouédo ablár conn ...?

C'est moi/ Lui-même/elle-même
Soy yo
Sóï ió

Un instant, s'il vous plaît **C'est de la part de qui?**
Un momento, por favor   ¿De parte de quién?
Oun moménnto, por fabór *Dé párté dé quiénn?*

Ne quittez pas **Il n'est pas là. Il est sorti**
No cuelgue   No está. Ha salido
No couélgué *No éstá. A salído*

Voulez-vous laisser un message?
¿Quiere dejarle un recado?
Quiéré déhárlé oun rrécádo?

Dites-lui que ... a téléphoné
Dígale que ... ha llamado
Dígalé qué ... a liamádo

SANTÉ

Le corps humain

Tête	**Visage**	**Oeil**
Cabeza	Cara	Ojo
Cabéθa	*Cára*	*Óho*

Nez	**Oreille**	**Bouche**
Nariz	Oído	Boca
Naríθ	*Oïdo*	*Bóca*

Langue	**Gorge**	**Cou**
Lengua	Garganta	Cuello
Lénngoua	*Gargánnta*	*Couélio*

Épaule	**Bras**	**Coude**
Hombro	Brazo	Codo
Ómmbro	*Bráθo*	*Códo*

Poignet	**Main**	**Doigt**
Muñeca	Mano	Dedo
Mougnéca	*Máno*	*Dédo*

Dos	**Poitrine**	**Jambe**
Espalda	Pecho	Pierna
Éspálda	*Pétcho*	*Piérna*

Genou	**Pied**	**Ventre**
Rodilla	Pie	Vientre
Rrodília	*Pié*	*Biénntré*

Coeur	**Estomac**	**Poumon**
Corazón	Estómago	Pulmón
Coraθónn	*Éstómago*	*Poulmónn*

Foie	**Reins**	**Intestins**
Hígado	Riñones	Intestinos
Ígado	*Rrignónés*	*Inntéstínos*

MÉDECIN

Médecin	**Infirmière**	**Patient**
Médico	Enfermera	Paciente
Médico	*Énnférméra*	*Paθiénnté*

Maladie	**Douleur**	**Cabinet médical**
Enfermedad	Dolor	Consulta
Énnférmédád	*Dolór*	*Connsoúlta*

Salle d'attente	**Rayon X**	**Ordonnance**
Sala de espera	Rayos X	Receta
Sála dé éspéra	*Rráïos équis*	*Rréθéta*

Pression sanguine	**Groupe sanguin**
Presión sanguínea	Grupo sanguíneo
Préssionn sannguínéa	*Groúpo sannguínéo*

Pouvez-vous faire venir un médecin?
¿Puede llamar a un médico?
Pouédé liamár a oun médico?

Respirez, toussez, tirez la langue
Respire, tosa, saque la lengua
Réspiré, tóssa, sáqué la lénngoua

Déshabillez-vous, s'il vous plaît
Quítese la ropa, por favor
Quítéssé la rrópa, por fabór

Vous devez rester au lit pendant ... jours
Debe quedarse en cama ... días
Débé quédársé énn cáma ... días

Prenez ces comprimés, toutes les ... heures
Tome estos comprimidos cada ... horas
Tómé éstos commprimídos cáda ... óras

DENTISTE

Dent	**Molaire**	**Dent de la sagesse**
Diente	Muela	Muela del juicio
Diénnté	*Mouéla*	*Mouéla dél houíθio*

Gencive	**Carie**	**Plombage**
Encía	Caries	Empaste
Énnθía	*Cáriés*	*Émmpásté*

Cette dent me fait mal
Me duele este diente/muela
Mé douélé ésté diénnté/mouéla

Il faudra l'arracher
Habrá que sacarla
Abrá qué sacárla

Donnez-moi un calmant, s'il vous plaît
Déme un calmante, por favor
Démé oun calmánnté, por fabór

J'ai perdu un plombage
Se me ha caído un empaste
Sé mé a caïdo oun émmpásté

Pouvez-vous la plomber tout de suite?
¿Puede empastármelo en seguida?
Pouédé émmpastármélo énn séguída?

LE COMMISSARIAT

Commissariat	Police	Agent de police
Comisaría	Policía	Policía
Comissaría	*Poliθía*	*Poliθía*

Plainte	**Déclaration**	**Avocat**
Denuncia	Declaración	Abogado
Dénoúnθia	*Déclaraθiónn*	*Abogádo*

Vol	**Vol à main**	**Accident**
Robo	Atraco	Accidente
Róbo	*Atráco*	*Akθidénnté*

Passeport	**Portefeuille**	**Sac à main**
Pasaporte	Cartera	Bolso
Passapórté	*Cartéra*	*Bólso*

Où se trouve le commissariat le plus proche?
¿Dónde está la comisaría más próxima?
Dónndé éstá la comissaría mass próxima?

Je viens déposer une plainte
Vengo a poner una denuncia
Bénngo a ponér oúna dénoúnθia

On m'a volé mon/ma ...
Me han robado el/la ...
Mé an rrobádo él/la ...

On m'a agressé
Me han golpeado
Mé ann golpéádo

Mon/ma ... a disparu
Mi ... ha desaparecido
Mi ... a déssaparéθído

J'ai perdu mon passeport

Se me ha perdido el pasaporte

Sé mé a pérdído él passapórté

J'ai eu un accident d'automobile

He tenido un accidente de coche

É ténído oun akθidénnté dé cótché

Je ne comprends pas. Est-ce que un interprète peut venir?

No entiendo. ¿Puede venir un intérprete?

No énntiénndo. Pouédé bénír oun inntérprété?

Puis-je téléphoner à mon ambassade/consulat?

¿Puedo llamar a mi embajada/consulado?

Puédo liamár a mi émmbaháda/connsouládo?

Comment dois-je formuler la plainte?

¿Cómo debo cumplimentar la denuncia?

Cómo débo coumpliménntár la dénounθta?

DICTIONNAIRE DE VOYAGE

FRANÇAIS - ESPAGNOL

à. a, en, de, con, para. *a, énn, dé, conn, pára*

abord (d'...). primero, antes. *priméro, ánntés*

abricot. albaricoque. *albaricóqué*

accélerateur. acelerador. *aθéléradór*

accident. accidente. *akθidénnté*

accord (d'...). de acuerdo. *dé acouérdo*

accueil. acogida. *acohída*

achat. compra. *cómmpra*

acheter. comprar. *commprár*

addition. cuenta. *couénnta*

adieu. adiós. *adióss*

adresse. dirección. *dirékθiónn*

affaire. asunto, negocio. *assoúnto, négóθio*

affiche. cartel. *cartél*

afin de. para. *pára*

âge. edad. *édád*

agence. agencia. *ahénnθia*

agréable. agradable. *agradáblé*

aide. ayuda. *aïoúda*

aider. ayudar. *aïoudár*

ail. ajo. *áho*

aimable. amable. *amáblé*

aimer. amar, gustar. *amár, goustár*

ainsi. así. *assí*

air. aire. *áïré*

ajouter. añadir. *agnadír*

alentour. alrededor. *alrrédédór*

allée. paseo. *passéo*

aller. ir, andar. *ir, anndár*

allumer. encender. *énnθénndér*

alors. entonces. *énntónnθés*

amande. almendra. *alménndra*

ambassade. embajada. *émmbaháda*

ambiance. ambiente. *ammbiénnté*

amende. multa. *moúlta*

amener. llevar, traer. *liébár, traér*

amer. amargo. *amárgo*

ami(e). amigo/a. *amígo/a*

amitié. amistad. *amistád*

amusant. divertido. *dibértído*

an. año. *ágno*

anchois. anchoa. *anntchóa*

ancien. antiguo. *anntígouo*

année. año. *ágno*

anniversaire. aniversario, cumpleaños. *anibérssário, coumpléágnos*

août. agosto

à peu près. aproximadamente. *aproximádaménnté*

appel. llamada. *liamáda*

appeler. llamar. *liamár*

après. después. *déspoués*

à propos. a propósito. *a propóssito*

argent. dinero, plata. *dinéro, pláta*

arracher. arrancar, quitar. *arranncár, quitár*

arrêt. parada. *paráda*

arrêter. parar. *parár*

arrière. atrás. *atrás*

arrivée. llegada. *liégáda*

arriver. llegar. *liégár*

arrondissement. distrito. *distríto*

artichaut. alcachofa. *alcatchófa*

asperge. espárrago. *éspárrago*

asseoir (s'...). sentarse, *sénntársé*

assez. bastante. *bastánnté*

assurance. seguro. *ségoúro*

atelier. taller. *taliér*

attendre. esperar. *éspérár*

attente. espera. *éspéra*

atterrir. aterrizar. *atérriθár*

au. al. *al*

auberge. albergue. *albérgué*

aucun(e). ninguno/a. *ninngoúno/a*

aujourd'hui. hoy. *óï*

aussi. también. *tammbiénn*

automne. otoño. *otógno*

autoroute. autopista. *aoutopísta*

autre. otro/a. *ótro/a*

avant. antes. *ánntés*

avenue. avenida. *abénída*

avocat. abogado. *abogádo*

avoir. tener, haber. *ténér, abér*

avril. abril. *abríl*

bagages. equipaje. *équipáhé*

bague. sortija. *sortíha*

baigner. bañar. *bagnár*

bain. baño. *bágno*

balle. pelota. *pélóta*

banlieu. afueras. *afouéras*

banque. banco. *bánnco*

bas. medias. *médias*

bateau. barco. *bárco*

bâtiment. edificio. *édifiθio*

beau. guapo. *gouápo*

bel(le). bello. *bélio*

besoin. necesidad. *néθéssidád*

beurre. mantequilla. *manntéquília*

bidon. lata. *láta*

bien. bien, muy, mucho. *biénn, moui, moútcho*

bientôt (à ...). hasta pronto. *ásta prónnto*

bière. cerveza. *θérbéθa*

bijou. joya. *hóïa*

bijouterie. joyería. *hoïéría*

billet. billete. *biliété*

biscuit. galleta. *galiéta*

blanc. blanco. *blánnco*

blé. trigo. *trígo*

bleu. azul. *aθoúl*

blond. rubio. *roúbio*

blouse. blusa. *bloússa*

boeuf. buey, vaca. *bouéï, báca*

boire. beber. *bébér*

bois. bosque, madera. *bósqué, madéra*

boisson. bebida. *bébída*

boîte. caja. *cáha*

bon. bueno. *bouéno*

bonjour. buenos días. *bouénos días*

bonsoir. buenas tardes. *bouénas tárdés*

bouche. boca. *bóca*

boucherie. carnicería. *car-niθéría*

bougie. vela. *béla*

boulangerie. panadería. *panadéría*

bouteille. botella. *botélia*

bras. brazo. *bráθo*

brioche. bollo. *bólio*

brosse. cepillo. *θépílio*

bruit. ruido. *rouído*

brun.moreno. *moréno*

budget. presupuesto. *pré-ssoupouésto*

bureau. agencia, oficina, despacho. *ahénnθia, ofi-θína, déspátcho*

ça. esto, eso, aquello. *ésto, ésso, aquélio*

cabine. cabina, camarote. *cabína, camaróté*

cadeau. regalo. *rrégálo*

cahier. cuaderno. *coua-dérno*

caisse. caja. *cáha*

campagne. campo. *cámm-po*

canard. pato. *páto*

car.porque, pues. *pórqué, poués*

carré. cuadrado. *coua-drádo*

carte. tarjeta, mapa, *carta. tarhéta, mápa, cárta*

ce. lo. *lo*

ce(t). este, ese,aquel. *ésté, éssé, aquél*

ces. estos, esos, aquellos. *éstos, éssos, aquélios*

ceci. esto. *ésto*

ceinture. cintura, cintu-rón. *θinntoúra, cinntou-rónn*

cela. eso, aquello. *ésso, aquélio*

céleri. apio. *ápio*

cendrier. cenicero. *θéni-θéro*

cependant. sin embargo. *sinn émmbárgo*

cérise. cereza. *θéréθa*

certain. cierto. *ciérto*

c'est-à-dire. es decir. *éss déθír*

chacun(e). cada uno/a. *cáda oúno/a*

chaîne. cadena. *cadéna*

146

chaise. silla. *sília*

chaleur. calor. *calór*

chambre. habitación. *abitaθiónn*

champ. campo. *cámmpo*

chance. fortuna, suerte. *fortoúna, souérté*

change. cambio. *cámmbio*

changer. cambiar. *cammbiár*

chanson. canción. *cannθiónn*

chapeau. sombrero. *sommbréro*

chapelle. capilla. *capília*

chaque. cada. *cáda*

charmant. encantador. *énncanntadór*

chasse. caza. *cáθa*

chat. gato. *gáto*

château. castillo. *castílio*

chaud(e). caliente. *caliénnté*

chauffage. calefacción. *caléfakθiónn*

chaussée. calzada. *calθáda*

chaussure. zapato. *θapáto*

chef. jefe. *héfé*

chemin. camino. *camíno*

chemin de fer. ferrocarril. *férrocarríl*

chemise. camisa. *camíssa*

chèque. cheque. *tchéqué*

cher. caro, querido. *cáro, quérído*

chercher. buscar. *bouscár*

chez. en casa de. *énn cássa dé*

chien. perro. *pérro*

chiffre. cifra. *θífra*

choisir. escoger. *éscohér*

chose. cosa. *cóssa*

chou. col. *col*

chou-fleur. coliflor. *coliflór*

ciel. cielo. *θiélo*

cigare. puro. *poúro*

cigarette. cigarrillo. *θigarrílio*

cinéma. cine. *θíné*

cinq. cinco. *θínnco*

cire. cera. (*éra*

ciseaux. tijeras. *tihéras*

citron. limón. *limónn*

clair. claro. *cláro*

clef. llave. *liábé*

cloche. campana. *cammpána*

clou. clavo. *clábo*

code. código. *código*

coeur. corazón. *coraθónn*

coiffeur. peluquero. *pélou-quéro*

coin. esquina, rincón. *ésquína, rinncónn*

colis. paquete. *paquété*

collège. colegio. *coléhio*

combien. cuánto. *couánnto*

commander. pedir, encargar. *pédír, énncargár*

comme. como. *cómo*

comment. cómo. *cómo*

comprendre. comprender, entender. *commpréndér, énnténndér*

compte. cuenta. *couénnta*

comptoir. mostrador. *mostradór*

concierge. conserje. *connsérhé*

conduire. conducir. *conndouθír*

confiserie. pastelería. *pastéléría*

confiture. mermelada. *mérméláda*

congé. permiso, vacaciones. *pérmísso, bacaθiónés*

connaître. conocer. *conoθér*

conseiller. aconsejar. *aconnséhár*

consigne. consigna. *connsíg-na*

contrôle. control. *contról*

coq. gallo. *gálio*

corbeille. cesta. *θésta*

corps. cuerpo. *couérpo*

costume. traje. *tráhé*

côte. costa, cuesta. *cósta. couésta*

côté. lado. *ládo*

côtelette. chuleta. *tchouléta*

coton. algodón. *algodónn*

cou. cuello. *couélio*

couchette. litera. *litéra*

couleur. color. *colór*

couloir. pasillo. *pasílio*

coup. golpe. *gólpé*

coupe. corte, copa. *córté, cópa*

couper. cortar. *cortár*

cour. patio. *pátio*

courant. corriente. *co-rriénnté*

courrier. correo. *corréo*

cours. curso, cotización. *coúrso, cotiθaθiónn*

court. corto. *córto*

cousin(e). primo/a. *prímo/a*

coûter. costar. *costár*

couteau. cuchillo. *coutchílio*

cravate. corbata. *corbáta*

crayon. lápiz. *lápiθ*

crème. crema, nata. *créma, náta*

crevaison. pinchazo. *pinntcháθo*

croire. creer. *créer*

croisement. cruce. *croúθe*

croix. cruz. *crouθ*

cru. crudo. *croúdo*

cuir. cuero, piel. *couéro, piél*

cuisine. cocina. *coθína*

cuivre. cobre. *cóbré*

dame. señora. *ségnóra*

danger. peligro. *pelígro*

dans. en, a. *énn, a*

danser. bailar. *baïlár*

date. fecha. *fétcha*

de. de, en. *dé, énn*

debout. de pie. *dé pié*

décembre. diciembre. *diθiémmbré*

dedans. dentro. *dénntro*

défendre. prohibir. *proïbír*

défense. prohibición. *proïbiθiónn*

degré. grado. *grádo*

dehors. fuera. *fouéra*

déjà. ya. *ya*

déjeuner. almorzar. *almorθár*

demain. mañana. *magnána*

demander. pedir, preguntar. *pédír, prégountár*

demi. medio. *médio*

dent. diente. *diénnté*

dentifrice. pasta de dientes. *pásta dé diénntés*

dépôt. depósito. *dépóssito*

depuis. desde. *désdé*

déranger. molestar. *moléstár*

dernier. último. *oúltimo*

derrière. detrás. *détrás*

dès. desde, después de. *désdé, déspoués dé*

désirer. desear. *désséár*

dessert. postre. *póstré*

dessin. dibujo. *diboúho*

dessous. debajo. *débáho*

dessus. encima. *énnθíma*

devant. delante. *délánnté*

développer. desarrollar, revelar. *déssarroliár, rébélár*

devoir. deber. *débér*

devise. divisa. *dibíssa*

dimanche. domingo. *domínngo*

dîner. cena, cenar. *θéna, θénár*

dire. decir. *déθír*

doigt. dedo. *dédo*

dommage. daño, lástima. *dágno, lástima*

donc. pues, por consiguiente. *poués, por connsiguiénnté*

dont. cuyo. *coúio*

dos. espalda. *éspálda*

dose. dosis. *dóssis*

douane. aduana. *adouána*

doucement. dulcemente, despacio. *doulθeménnté, déspáθio*

douleur. dolor. *dolór*

doute. duda. *doúda*

doux. dulce. *doúlθe*

douzaine. docena. *doθéna*

drapeau. bandera. *banndéra*

droit. derecho. *dérétcho*

durée. duración. *douraθiónn*

eau. agua. *ágoua*

école. escuela. *éscouéla*

écran. pantalla. *panntália*

écrire. escribir. *éscribír*

égal. igual. *igouál*

église. iglesia. *igléssia*

elle/s. ella/s. *élia/s*

embrayage. embrague. *émmbrágué*

emploi. empleo. *émmpléo*

en. a, de, en. *a, dé, énn*

enceinte. embarazada. *émmbaraθáda*

enchanté(e). encantado/a. *énncanntádo/a*

encore. todavía. *todabía*

endroit. sitio, lugar. *sítio, lougár*

enregistrer. registrar, facturar. *rréhistrár, factourár*

enrhumé(e). resfriado/a. *rrésfriádo/a*

ensemble. juntos. *houíntos*

entendre. oír. *oïr*

entier. entero. *énntéro*

entrée. entrada. *énntráda*

enveloppe. sobre. *sóbré*

environ. alrededor. *alrrédédor*

envoyer. enviar. *énnbiár*

épargne. ahorro. *aórro*

épaule. hombro. *ómmbro*

épice. especia. *éspéθia*

épinard. espinaca. *éspináca*

épouse. esposa. *éspóssa*

équipage. equipo, tripulación. *équipo, tripoulaθiónn*

escalier. escalera. *éscaléra*

escargot. caracol. *caracól*

essayage. ensayo, prueba. *énnsáio, prouéba*

essence. gasolina. *gassolína*

et. y. *i*

étage. piso, planta. *písso, plánnta*

étang. estanque. *éstánnqué*

état. estado. *ésstádo*

été. verano, sido, estado. *béráno, sído, éstádo*

éteindre. apagar. *apagár*

étoile. estrella. *éstrélia*

étrange. extraño. *éxtragno*

étranger. extranjero. *éxtrannhéro*

être. ser, estar. *sér, éstár*

étroit. estrecho. *éstrétcho*

étude. estudio. *éstoúdio*

événement. acontecimiento. *aconntéθimiénnto*

expediteur. remitente. *rrémiténnté*

exprimer. expresar, exprimir. *éxpréssár, éxprimír*

façade. fachada. *fatcháda*

face. cara, rostro. *cára, rróstro*

façon. manera, modo. *manéra, módo*

facteur. cartero. *cartéro*

fade. soso. *sósso*

faible. débil. *débil*

faim. hambre. *ámmbré*

faire. hacer. *aθér*

fait. hecho, acto. *étcho, ácto*

falloir. ser necesario. *sér néθéssário*

farine. harina. *arína*

faute. falta, culpa. *fálta, coúlpa*

faux. falso. *fálso*

femme. mujer. *mouhér*

fenêtre. ventana. *bénntána*

fer. hierro. *iérro*

fermé. cerrado. *θérrádo*

fermer. cerrar. *θérrár*

fête. fiesta. *fiésta*

feu. fuego. *fouégo*

février. febrero. *fébréro*

fièvre. fiebre. *fiébré*

figue. higo. *ígo*

fil. hilo. *ílo*

fille. hija, niña, chica. *íha, nígna, tchíca*

film. película. *pélícoula*

fils. hijo. *ího*

finir. terminar. *términár*

flacon. frasco. *frásco*

fleur. flor. *flor*

fleuve. río. *rrío*

foie. hígado. *ígado*

foire. feria, mercado. *féria, mércádo*

fois. vez. *beθ*

fontaine. fuente. *fouénnté*

forêt. bosque. *bósqué*

fort. fuerte, muy. *fouérté, moui*

fou/folle. loco/a. *lóco/a*

four. horno. *órno*

frais. gastos. *gástos*

fraise. fresa. *fréssa*

framboise. frambuesa. *frammbouéssa*

franc. franco. *fránnco*

frein. freno. *fréno*

frère. hermano. *érmáno*

froid. frío. *frío*

fromage. queso. *quésso*

front. frente. *frénnté*

fruit. fruta. *froúta*

gants. guantes. *gouánntés*

garçon. niño, chico, camarero. *nígno, tchíco, camaréro*

gare. estación. *ésta\theta iónn*

gâteau. pastel. *pastél*

gauche. izquierda. *i\theta– quiérda*

gaz. gas. *gass*

gazon. césped. *\theta éspéd*

gencive. encía. *énn\theta ía*

gêner. molestar. *moléstár*

genou. rodilla. *rrodília*

genre. género, clase. *hé-néro, clássé*

gens. gente. *hénnté*

gérant. gerente. *hérénnté*

gilet. chaleco. *tchaléco*

glace. hielo, helado. *iélo, éládo*

gorge. garganta. *gargánn-ta*

goût. gusto, sabor. *goús-to, sabór*

grenouille. rana. *rrána*

grève. huelga. *ouélga*

gros. grueso. *grouésso*

guérir. curar. *courár*

guichet. taquilla, ventani-lla. *taquília, bénntanília*

halle. mercado. *mércádo*

hareng. arenque. *arénnqué*

haricot. judía. *houdía*

hasard. azar, casualidad. *a\theta ár, cassoualidád*

haut. alto. *álto*

hauteur. altura. *altoúra*

hebdomadaire. semanal. *sémanál*

herbe. hierba. *iérba*

heure. hora. *óra*

heureux. feliz. *félí\theta*

hier. ayer. *aïér*

histoire. historia. *istória*

hiver. invierno. *innbiérno*

homme. hombre. *ómmbré*

hôpital. hospital. *ospitál*

hors. fuera, excepto. *fouéra, ex\theta épto*

hors-d'oeuvre. entreme-ses. *énntréméssés*

hôte. huésped. *ouéspéd*

hôtel de ville. ayunta-miento. *aïountamiénnto*

huile. aceite. *a\theta éïté*

huître. ostra. *óstra*

ici. aquí. *aquí*

il/ils. él/ellos. *él/élios*

île. isla. *ísla*

impôt. impuesto. *imm-pouésto*

ivoire. marfil. *marfíl*

ivre. borracho. *borrátcho*

jamais. nunca. *noúnca*

jambe. pierna. *piérna*

jambon. jamón. *hamónn*

janvier. enero. *énéro*

je. yo. *yo*

jeu. juego. *houégo*

jeudi. jueves. *houébés*

jeun. joven. *hóbénn*

joli. bonito. *boníto*

jouer. tocar, jugar. *tocár, hougár*

jour. día. *día*

journal. periódico. *périódico*

journée. día. *día*

juillet. julio. *houílio*

juin. junio. *hoúnio*

jupe. falda. *fálda*

jus. zumo. *θoúmo*

la. la. *la*

là. ahí, allí. *aï, ayí*

lac. lago. *lágo*

laid. feo. *féo*

laine. lana. *lána*

laisser. dejar. *déhár*

lait. leche. *létché*

laitue. lechuga. *létchoúga*

lampe. lámpara. *lámmpara*

langage. lengua. *lénngoua*

langue. lengua. *lénngoua*

lapin. conejo. *coného*

large. ancho. *ánntcho*

le. el, lo, le. *él, lo, lé*

leçon. lección, clase. *lékθiónn, clássé*

léger. ligero. *lihéro*

légume. verdura. *bérdoúra*

lentille. lentilla. *lénntília*

lequel, laquelle. el/la cual. *él/la couál*

les. los, las. *loss, lass*

lettre. letra, carta. *létra, cárta*

leur, leurs. su, sus. *sou, souss*

librairie. librería. *libréría*

lieu. lugar. *lougár*

ligne. línea. *línéa*

liqueur. licor. *licór*

lire. leer. *léér*

lit. cama. *cáma*

livre. libro. *líbro*

locataire. inquilino. *inn-quilíno*

location. alquiler. *alquilér*

loge. palco. *pálco*

loi. ley. *léï*

loin. lejos. *léhos*

loisir. ocio. *óθio*

long. largo. *lárgo*

louer. alquilar. *alquilár*

lourd. pesado. *péssádo*

lui. él, le. *él, lé*

lumière. luz. *louθ*

lundi. lunes. *loúnés*

lune. luna. *loúna*

lunettes. gafas. *gáfas*

luxe. lujo. *loúho*

madame. señora. *ségnóra*

mademoiselle. señorita. *ségnoríta*

magasin. almacén, tienda. *almaθénn, tiénnda*

mai. mayo. *máïo*

main. mano. *máno*

maintenant. ahora. *aóra*

mais. pero. *péro*

maison. casa. *cássa*

mal. mal, dolor. *mal, dolór*

malade. enfermo. *énnfér-mo*

maladie. enfermedad. *énn-férmédád*

malgré. a pesar de. *a péssár dé*

mandat. orden, giro. *ór-dénn, híro*

manger. comer. *comér*

manquer. faltar. *faltár*

manteau. abrigo. *abrígo*

marchand. comerciante, vendedor. *comérθiánnté, bénndédór*

mardi. martes. *mártés*

mari. marido. *marído*

marié(e). casado/a. *cassádo/a*

mars. marzo. *márθo*

matelas. colchón. *col-tchónn*

matière. material. *maté-riál*

matin. mañana. *magnána*

mauvais. malo. *málo*

mécanicien. mecánico. *mécánico*

médecin. médico. *médico*

meilleur. mejor. *méhór*

mélange. mezcla. *méθcla*

même. mismo, incluso. *mísmo, inncloússo*

mer. mar. *mar*

merci. gracias. *gráθias*

mercredi. miércoles. *miércolés*

mère. madre. *mádré*

message. mensaje. *ménnsáhé*

messure. medida. *médída*

métier. oficio. *ofíθio*

mettre. poner, meter. *ponér, métér*

meuble. mueble. *mouéblé*

midi. mediodía. *médiodía*

mien . mío. *mío*

mieux. mejor. *méhór*

milieu. medio, centro. *médio, θénntro*

minuit. medianoche. *médianótché*

moi. yo, me, mí. *yo, mé, mi*

moins. menos. *ménos*

mois. mes. *méss*

moitié. mitad. *mitád*

mon, ma, mes. mi, mis. *mi, miss*

monde. mundo. *moúndo*

monnaie. moneda. *monéda*

monsieur. señor. *ségnór*

montre. reloj. *rrélóh*

morceau. pedazo. *pédáθo*

morue. bacalao. *bacaláo*

mot. palabra. *palábra*

motif. motivo. *motíbo*

moustache. bigote. *bigóté*

mouton. cordero. *cordéro*

moyen. medio, mediano. *médio, médiáno*

mûr. maduro. *madoúro*

nager. nadar. *nadár*

naissance. nacimiento. *naθimiénnto*

nature. naturaleza. *natouraléθa*

ne. no. *no*

né(e). nacido/a. *naθído/a*

néanmoins. sin embargo. *sinn émmbárgo*

neige. nieve. *niébé*

neiger. nevar. *nébár*

nerf. nervio. *nérbio*

neuf. nueve. *nouébé*

neveu. sobrino. *sobríno*

nez. nariz. *naríθ*

nièce. sobrina. *sobrína*

niveau. nivel. *nibél*

Noël. Navidad. *Nabidád*

noir. negro. *négro*

noisette. avellana. *abéliána*

noix. nuez. *nouéθ*

nom. nombre, apellido. *nómmbré, apéyído*

nombre. número. *noúméro*

non. no. *no*

nord. norte. *nórté*

nos. nuestros/as. *nouéstros/as*

notre. nuestro/a. *nouéstro/a*

nous. nosotros. *nossótros*

nouveau. nuevo. *nouébo*

nouvelle. noticia. *notíθia*

novembre. noviembre. *nobiémmbré*

nuage. nube. *noúbé*

nuit. noche. *nótché*

octobre. octubre. *octoúbré*

odeur. olor. *olór*

oeil. ojo. *óho*

oeillet. clavel. *clabél*

oeuf. huevo. *ouébo*

oeuvre. obra. *óbra*

oie. oca. *óca*

oignon. cebolla. *θébólia*

oiseau. pájaro. *páharo*

olive. aceituna. *aθéïtoúna*

ombre. sombra. *sómmbra*

omelette. tortilla. *tortília*

on. se, uno. *sé, oúno*

oncle. tío. *tío*

ongle. uña. *oúgna*

orange. naranja. *naránnha*

orchestre. orquesta. *orquésta*

ordre. orden. *órdénn*

oreille. oreja, oído. *oréha, oïdo*

os. hueso. *ouésso*

ou. o. *o*

où. dónde. *dónndé*

oublier. olvidar. *olbidár*

ouest. oeste. *oésté*

outil. herramienta. *érramiénnta*

ouvert. abierto. *abiérto*

ouvrir. abrir. *abrír*

page. página. *páhina*

paille. paja. *páha*

pain. pan. *pann*

paire. par, pareja. *par, paréha*

paix. paz. *paθ*

palais. palacio. *paláθio*

pâle. pálido. *pálido*

panne. avería. *abería*

papier. papel. *papél*

Pâques. Pascua. *Páscoua*

par. por, a, con. *por, a, conn*

parc. parque. *párqué*

parce que. porque. *pórqué*

pardon. perdón. *pérdónn*

pareil. igual, semejante. *igouál, séméhánnté*

parents. padres. *pádrés*

parfois. a veces. *a béθés*

parfum. perfume. *pérfoúmé*

parler. hablar. *ablár*

parmi. entre. *énntré*

parole. palabra. *palábra*

partir. salir, irse. *salír, írsé*

partout. en todas partes. *énn tódas pártés*

pas. no. *no*

passage. paso, pasaje. *pásso, passáhé*

passager. pasajero. *passahéro*

passeport. pasaporte. *passapórté*

pâte. pasta, masa. *pásta, mássa*

pâtisserie. pastelería. *pastéléría*

pauvre. pobre. *póbré*

payer. pagar. *pagár*

pays. país. *païss*

peau. piel. *piél*

pêche. melocotón, pesca. *mélocotón, pésca*

peigne. peine. *péïné*

peindre. pintar. *pinntár*

peintre. pintor/a. *pinntór/a*

peinture. pintura. *pinntoúra*

pendant. durante. *douránnté*

pensée. pensamiento. *pénnsamiénnto*

penser. pensar. *pénnsár*

perdre. perder. *pérdér*

père. padre. *pádré*

permis. permiso. *pérmísso*

petit. pequeño. *péquégno*

peu. poco. *póco*

peur. miedo. *miédo*

peut-être. puede ser. *pouédé sér*

pharmacie. farmacia. *farmáθia*

photo. foto. *fóto*

pièce. pieza, trozo. *piéθa, tróθo*

pied. pie. *pié*

pierre. piedra. *piédra*

piéton. peatón. *péatónn*

pilule. píldora. *píldora*

piqûre. inyección, picadura. *inyécθiónn, picadoúra*

pire, pis. peor. *péór*

place. plaza, sitio. *pláθa, sítio*

placer. colocar, poner. *colocár, ponér*

plage. playa. *pláïa*

plainte. denuncia. *dénoúnθia*

plaire. gustar. *goustár*

plaisir. placer. *plaθér*

plan. plan, plano. *plann, pláno*

plein. lleno. *liéno*

pleuvoir. llover. *liobér*

plomb. plomo. *plómo*

pluie. lluvia. *lioúbia*

plus. más. *mass*

plusieurs. varios, muchos. *bários, moútchos*

plutôt. más bien. *mass biénn*

pneu. neumático. *néoumático*

poche. bolsillo. *bolsílio*

poids. peso. *pésso*

poire. pera. *péra*

poireau. puerro. *pouérro*

pois. guisante. *guissánnte*

poisson. pescado. *péscádo*

poitrine. pecho. *pétcho*

poivre. pimienta. *pimiénnta*

poli. educado. *édoucádo*

police. policía, póliza. *poliθía, póliθa*

pomme. manzana. *mannθána*

pomme de terre. patata. *patáta*

pont. puente. *pouénnté*

porc. cerdo. *θérdo*

port. puerto. *pouérto*

porte. puerta. *pouérta*

portefeuille. cartera. *cartéra*

portemonnaie. monedero. *monédéro*

porter. llevar, traer. *liébár, traér*

portrait. retrato. *rrétráto*

poste. correo, Correos. *corréo, corréos*

poulet. pollo. *pólio*

poupée. muñeca. *mougnéca*

pour. para, por. *pára, por*

pourquoi. por qué. *por qué*

pousser. empujar. *émmpouhár*

pouvoir. poder. *podér*

premier. primero. *priméro*

prendre. tomar. *tomár*

prénom. nombre. *nómbré*

près. cerca. *θérca*

presque. casi. *cássi*

presse. prensa. *príssa*

prêt. preparado, listo. *préparádo, lísto*

printemps. primavera. *primabéra*

privé. privado. *pribádo*

prix. precio. *préθio*

prochain. próximo. *próximo*

profiter. aprovechar. *aprobétchár*

propos (à ...). a propósito. *a propóssito*

propre. propio, limpio. *própio, límmpio*

prune. ciruela. *θirouéla*

puis. después, luego. *déspoués, louégo*

quai. andén, muelle. *mouélié*

quand. cuando. *couánndo*

quantité. cantidad. *canntidád*

quart. cuarto. *couárto*

quartier. barrio. *bárrio*

que. que, qué, cual. *qué, couál*

quel(le). qué, cual. *qué, couál*

quelconque. cualquiera. *coualquiéra*

quelque. alguno/a. *algoú-no/a*

quelquefois. a veces. *a béθés*

quelqu'un. alguien, algu-no. *álguiénn, algoúno*

question. pregunta, cues-tión. *prégoúnta, coues-tiónn*

qui. que, quien/es. *qué, quiénn/és,*

quitter. salir, dejar. *salír, déhár*

quoi. lo que, qué. *lo qué, qué*

quoique. aunque. *áoun-qué*

rafraîchissement. refres-co. *rréfrésco*

raisin. uva. *oúba*

raison. razón. *rraθónn*

rang. fila. *fíla*

rappeler. recordar. *rré-cordár*

rayon. sección. *sekθiónn*

recevoir. recibir. *rréθibír*

rechange. recambio. *rré-cámmbio*

reçu. recibo. *rréθíbo*

regretter. lamentar. *la-ménntár*

reine. reina. *rréïna*

remercier. agradecer. *agra-déθér*

rempart. muralla. *mou-rália*

rencontrer. encontrar. *énn-conntrár*

rendez-vous. cita. *θíta*

reinsegnements. infor-mación. *innformaθiónn*

repas. comida. *comída*

repasser. planchar. *plann-tchár*

répéter. repetir. *rrépétír*

réponse. respuesta. *rrés-pouésta*

ressource. recurso. *rréco-úrso*

rester. quedarse. *quédársé*

retard. retraso. *rrétrásso*

retour. regreso, vuelta. *rrégrésso, bouélta*

réveiller. despertar. *dés-pértár*

revoir (au ...). adiós. *adióss*

rhum. ron. *ronn*

rhume. resfriado. *rrésfriádo*

riche. rico. *rríco*

rideau. cortina. *cortína*

rien. nada. *nada*

rire. reír. *reír*

rive. orilla. *orília*

rivière. río. *río*

riz. arroz. *arróθ*

robe. vestido. *béstído*

robinet. grifo. *grífo*

roi. rey. *rréï*

roman. novela. *nobéla*

rond. redondo. *rrédónndo*

rôti. asado. *assádo*

roue. rueda. *rouéda*

rouge. rojo. *rróho*

route. carretera. *carrétéra*

rue. calle. *cálié*

sable. arena. *aréna*

sac. bolso. *bólso*

saison. estación, temporada. *éstaθiónn, témmporáda*

salade. ensalada. *énnsaláda*

sale. sucio. *soúθio*

salé. salado. *saládo*

salle. sala. *sála*

samedi. sábado. *sábado*

sang. sangre. *sánngré*

sans. sin. *sinn*

santé. salud. *saloúd*

sauce. salsa. *sálsa*

saucisse. salchicha. *saltchítcha*

sauf. salvo, excepto. *sálbo, exθépto*

saumon. salmón. *salmónn*

savoir. saber. *sabér*

se. se. *sé*

séance. sesión. *séssiónn*

sec. seco. *séco*

seconde. segundo. *ségoúndo*

secours. socorro. *socórro*

sécurité. seguridad. *ségouridád*

séjour. estancia. *éstánnθia*

sel. sal. *sal*

selon. según. *ségoúnn*

semaine. semana. *sémána*

sens. sentido. *sénntído*

septembre. septiembre. *séptiémmbré*

sérieux. serio. *sério*

serviette. servilleta, toalla. *sérbiliéta, toália*

ses. sus. *souss*

seul. solo. *sólo*

si. si, tan. *si, tann*

siècle. siglo. *síglo*

sien. suyo. *soúio*

signal. señal. *ségnál*

signer. firmar. *firmár*

silence. silencio. *silénnθio*

sinon. si no, sino. *si no, síno*

sirop. jarabe. *harábé*

ski. esquí. *esquí*

soeur. hermana. *érmána*

soie. seda. *séda*

soif. sed. *séd*

soin. cuidado. *couidádo*

soir. tarde. *tárdé*

sol. suelo. *souélo*

sole. lenguado. *lénngouádo*

soleil. sol. *sol*

somme. suma. *soúma*

son, sa, ses. su, sus. *sou, souss*

sorte. especie, clase. *espéθie, clássé*

sortie. salida. *salída*

sortir. salir. *salír*

soudain. de repente. *dé rrépénnté*

soupe. sopa. *sópa*

sous. debajo, bajo. *débáho, báho*

souterrain. subterráneo. *soubtérránéo*

souvenir. recuerdo, recordar. *rrécouérdo, rrécordár*

spectacle. espectáculo. *espéctácoulo*

sport. deporte. *dépórté*

sucre. azúcar. *aθúcar*

sud. sur. *sour*

suivant. siguiente. *siguiénnté*

sur. sobre, encima. *sóbré, énnθíma*

sûr. seguro. *ségoúro*

surtout. sobre todo. *sobré tódo*

tabac. tabaco. *tabáco*

table. mesa. *méssa*

tableau. cuadro. *couádro*

taille. talla. *tália*

tandis que. mientras. *miénntras*

tante. tía. *tía*

tard. tarde. *tárdé*

tarte. tarta. *tárta*

tasse. taza. *tá θa*

taxe. impuesto. *immpouésto*

te. te. *té*

tel(le). tal. *tal*

temps. tiempo. *tiémmpo*

tente. tienda de campaña. *tiénnda dé campágna*

terre. tierra. *tiérra*

tes. tus. *touss*

tête. cabeza. *cabéθa*

thé. té. *té*

thon. atún. *atoúnn*

tiède. tibio. *tíbio*

tien. tuyo. *toúio*

timbre. sello. *sélio*

tirer. sacar, tirar. *sacár, tirár*

toi. tú, te, ti. *tou, té, ti*

toilettes. servicios. *sérbíθios*

toit. techo. *tétcho*

ton, ta, tes. tu, tus. *tou, touss*

tôt. temprano. *témmpráno*

toucher. tocar, cobrar. *tocár, cobrár*

toujours. siempre. *siémmpré*

tour. torre. *tórré*

tourisme. turismo. *tourísmo*

touriste. turista. *tourísta*

tournée. excursión, viaje. *excursiónn, biáhé*

tout. todo. *tódo*

toux. tos. *toss*

traduire. traducir. *tradouθír*

train. tren. *trénn*

trajet. trayecto. *trayécto*

tranche. loncha, rebanada. *lónntcha, rrébanáda*

travail. trabajo. *trabáho*

traverser. atravesar. *atrabéssár*

très. muy. *moui*

tromper. equivocar. *équibocár*

trop. demasiado. *démassiádo*

164

trottoir. acera. *aθéra*

trou. agujero. *agouhéro*

trouver. encontrar. *énnconntrár*

truite. trucha. *troútcha*

tu. tú. *tou*

un(e). un/a. *oun/oúna*

usage. uso. *oússo*

usine. fábrica. *fábrica*

vacances. vacaciones. *bacaθiónés*

vaccin. vacuna. *bacoúna*

vague. ola. *óla*

vaisselle. vajilla. *bahília*

valise. maleta. *maléta*

veau. ternera. *térnéra*

vélo. bicicleta. *biθicléta*

vendre. vender. *bénndér*

vermicelle. fideo. *fidéo*

verre. cristal, vaso, copa. *cristál, básso, cópa*

vert. verde. *bérdé*

veste. chaqueta. *tchaquéta*

veuf. viudo. *bioúdo*

viande. carne. *cárné*

vide. vacío. *baθío*

vie. vida. *bída*

vieux. viejo. *biého*

village. pueblo. *pouéblo*

ville. ciudad. *θioudád*

vin. vino. *bíno*

vinaigre. vinagre. *binágré*

visa. visado. *bissádo*

visage. cara. *cára*

vite. deprisa. *dépríssa*

vitesse. velocidad, rapidez. *beloθidád, rrapidéθ*

vivre. vivir. *bibír*

voici. aquí. *aquí*

voie. vía. bía

voilà. ahí, allí. *aï, ayí*

voir. ver. *bér*

voisins. vecinos. *béθínos*

voiture. coche. *cótché*

voix. voz. *boθ*

vol. vuelo, robo. *bouélo, rróbo*

voler. volar, robar. *bolár, rrobár*

volontiers. con mucho gusto. *conn moútcho goústo*

a. *a.* à

abajo. *abáho.* dessous

abierto. *abiérto.* ouvert

abrigo. *abrígo.* manteau

abril. *abríl.* Avril

abrir. *abrír.* ouvrir

acabar. *acabár.* finir

accidente. *akθidénnté.* accident

aceite. *aθéïté.* huile

aceituna. *aθéïtoúna.* olive

acelerador. *aθéléradór.* accélérateur

acera. *aθéra.* trottoir

aconsejar. *aconnséhár.* conseiller

acuerdo (de...). *dé acouérdo.* d'accord

adelante. *adélánnté.* en avant

además. *adémás.* en plus

adiós. *adiós.* adieu, au revoir

aduana. *adouána.* douane

afeitarse. *aféïtársé.* se raser

agencia. *ahénnθia.* agence, bureau

agosto. *agósto.* août

agradable. *agradáblé.* agréable

agrio. *ágrio.* aigre

agua. *ágoua.* eau

ahí. *aï.* là

ahora. *aóra.* maintenant

aire. *áïré.* air

ajo. *áho.* ail

albergue. *albérgué.* auberge

algo. *álgo.* quelque chose

algodón. *algodónn.* coton

algunos/as. *algoúnos/as.* quelques

almohada. *almoáda.* oreiller

almorzar. *almorθár.* déjeuner

alojamiento. *alohamiénnto.* logement

alquilar. *alquilár.* louer

alrededor. *alrrédédór.* environ

alto. *álto.* haut

allí. *alyí.* là, là-bas

amarillo. *amarílio.* jaune

amargo. *amárgo.* amer

ambos. *ámmbos.* tous les deux

amigo. *amígo.* ami

ancho. *ánntcho.* large

andar. *ánndrár.* marcher

andén. *anndénn.* quai

anoche. *anótché.* hier soir

anuncio. *anoúnnθio.* annonce

aparcar. *aparcár.* stationner, garer

aparcamiento. *aparcamiénnto.* parking

apartamento. *apartaménnto.* appartement

antes. *ánntés.* avant

año. *ágno.* an, année

apellido. *apélyído.* nom

aprender. *aprénndér.* apprendre

aquel. *aquél.* celui-là

aquí. *aquí.* ici

árbol. *árbol.* arbre

arena. *aréna.* sable

arriba. *arríba.* au-dessus

arroz. *arróθ.* riz

artesanía. *artéssanía.* artisanat

asado. *assádo.* rôti

ascensor. *asθénnsór.* ascenseur

así. *assí.* ainsi, comme ça

asiento. *assiénnto.* place, siège

atención. *aténnθiónn.* attention, gare

aterrizar. *atérriθár.* atterrir

atrás. *atráss.* en arrière

atún. *atoúnn.* thon

aunque. *áounqué.* quoique

autobús. *aoutoboús.* autobus, bus

autopista. *aoutopísta.* autoroute

avería. *abéría.* panne

averiado. *aberiádo.* en panne

avión. *abiónn.* aéroplain, avion

aviso. *abísso.* avis

ayer. *aliér.* hier

ayudar. *aïoudár.* aider

ayuntamiento. *aïountamiénnto.* hôtel de ville

azafata. *aθafáta.* hôtesse de l'air

azúcar. *aθoúcar.* sucre

azul. *aθoúl.* bleu

bacalao. *bacaláo.* morue

bajo. *báho.* bas, petit

banco. *bánnco.* banque

bañador. *bagnadór.* maillot de bain

bañarse. *bagnársé.* se baigner

baño. *bágno.* bain

barato. *baráto.* bon marché

barco. *bárco.* bateau

barrio. *bárrio.* quartier

bastante. *bastánnté.* assez

beber. *bébér.* boire

bebida. *bébída.* boisson

bicicleta. *biθicléta.* vélo

bien. *biénn.* bien

bienvenido. *biénnbénído.* bienvenu

blanco. *blánnco.* blanc

boca. *bóca.* bouche

bolso. *bólso.* sac

bolsillo. *bolsílio.* poche

bonito. *boníto.* joli

bota. *bóta.* botte

botella. *botélia.* bouteille

brazo. *bráθo.* bras

bueno. *bouéno.* bon

buscar. *bouscár.* chercher

buzón. *bouθónn.* boîte aux lettres

caballo. *cabálio.* cheval

cabello. *cabélio.* cheveu

cabeza. *cabéθa.* tête

cada. *cáda.* chaque

cafetería. *cafétéría.* snack-bar

caja. *cáha.* boîte, caisse

caliente. *caliénnté.* chaud

calmante. *calmánnté.* calmant

calor. *calór.* chaleur

calle. *cálié.* rue

cama. *cáma.* lit

camarero. *camaréro.* garçon

cambiar. *cammbiár.* changer

cambio. *cámmbio.* change

camino. *camíno.* chemin

camisa. *camíssa.* chemise

campo. *cámmpo.* champ

cara. *cára.* visage, face

carne. *cárné.* viande

carnicería. *carniθéría.* boucherie

caro. *cáro.* cher

carretera. *carrétéra.* route

carta. *cárta.* lettre, carte

cartera. *cartéra.* portefeuille

casado. *cassádo.* marié

casi. *cássi.* presque

castillo. *castílio.* château

catorce. *catórθé.* quatorze

cebolla. *θébólia.* oignon

cena. *θéna.* dîner

cenicero. *θéniθéro.* cendrier

centro. *θénntro.* centre-ville

cepillo. *θépílio.* brosse

cerca. *θérca.* près

cerdo. *θérdo.* porc

cereza. *θéréθa.* cerise

cerilla. *θérília.* allumette

cero. *θéro.* zéro

cerrado. *θérrádo.* fermé

cerrar. *θérrár.* fermer

cerveza. *θérbéθa.* bière

cielo. *θiélo.* ciel

cien. *θiénn.* cent

cigarrillo. *θigarrílio.* cigarette

cinco. *θínnco.* cinq

cine. *θíné.* cinéma

cinturón. *θinntourónn.* ceinture

ciruela. *θirouéla.* prune

cita. *θíta.* rendez-vous

ciudad. *θioudád.* ville, cité

claro. *cláro.* clair

cobrar. *cobrár.* encaisser

cocido. *coθído.* cuit

coche. *cótché.* voiture, automobile

cocina. *coθína.* cuisine

codo. *códo.* coude

coger. *cohér.* prendre

col. *col.* chou

colchón. *coltchónn.* matelas

coliflor. *coliflór.* choufleur

color. *colór.* couleur

comedor. *comédór.* salle à manger

comenzar. *coménnθár.* commencer

comer. *comér.* manger

comida. *comída.* repas

comisaría. *comissaría.* commissariat

como. *cómo.* comme

cómo. *cómo.* comment

comprar. *comprár.* acheter

comprender. *compréndér.* comprendre

con. *conn.* avec

conducir. *conndouθír.* conduire

conmigo. *connmígo.* avec moi

conocer. *conoθér.* connaître

consejo. *connsého.* conseil

consigna. *consíg-na.* consigne

consulado. *connsouládo.* consulat

consulta. *connsoúlta.* cabinet

contar. *conntár.* raconter, compter

contento. *connténnto.* content

contigo. *conntígo.* avec toi

contra. *cónntra.* contre

copa. *cópa.* coupe

corazón. *coraθónn.* coeur

corbata. *corbáta.* cravate

cordero. *cordéro.* agneau, mouton

correo. *corréo.* poste

Correos. *Corréos.* bureau de poste

cortar. *cortár.* couper

corto. *córto.* court

cosa. *cóssa.* chose

costa. *cósta.* côte

cotización. *cotiθaθiónn.* curs

cristal. *cristál.* verre

cruce. *crouθé.* croisement

crudo. *croúdo.* cru

cruzar. *crouθár.* traverser

cuadrado. *couadrádo.* carré

cuadro. *couádro.* tableau

cuál. *couál.* quel

cualquiera. *coualquiéra.* quelconque

cuando. *couánndo.* quand, lorsque

cuándo. *couánndo.* quand

cuánto. *couánnto.* combien

cuarenta. *couarénnta.* quarante

cuarto. *couárto.* chambre, quart

cuatro. *couátro.* quatre

cubierta. *coubiérta.* pont

cuchara. *coutchára.* cuiller

cuchillo. *coutchílio.* couteau

cuello. *couélio.* cou

cuenta. *couénnta.* compte, note, addition

cuerpo. *couérpo.* corps

cuidado. *couidádo.* attention, gare

curva. *coúrba.* virage

chaleco. *tchaléco.* gilet

chaqueta. *tchaquéta.* veste

chico/a. *tchíco/a.* garçon, fille

chuleta. *tchouléta.* cotelette

daño. *dágno.* mal

dar. *dar.* donner

de. *dé.* de, à

deber. *débér.* devoir

decir. *déθír.* dire

dedo. *dédo.* doigt

dejar. *déhár.* laisser

delante. *délánnté.* devant

demasiado. *démassiádo.* trop

dentro. *dénntro.* dedans

deporte. *dépórté.* sport

derecho. *dérétcho.* droit

desayuno. *déssaïoúno.* petit déjeuner

descuento. *déscouénnto.* réduction

desde. *désdé.* dès, depuis

desear. *désséár.* désirer

despacio. *déspáθio.* lentement, doucement

después. *déspoués.* après

detrás. *détrás.* derrière

día. *día.* jour

diario. *diário.* quotidien, journal

dibujo. *diboúho.* dessin

diccionario. *dikθionário.* dictionnaire

diciembre. *diθiémmbré.* décembre

diente. *diénnté.* dent

diez. *diéθ.* dix

difícil. *difíθil.* difficile

dinero. *dinéro.* argent

dirección. *dirékθiónn.* adresse, direction

divisa. *dibíssa.* devise

doble. *dóblé.* double

dolor. *dolór.* douleur, mal

domingo. *domínngo.* dimanche

dónde. *dónndé.* où

dormitorio. *dormitório.* chambre à coucher

dos. *doss.* deux

ducha. *doútcha.* douche

dueño. *douégno.* propriétaire

dulce. doux

durante. *douránnté.* pendant, durant

durar. *dourár.* durer

duro. *doúro.* dur

edad. *édád.* âge

edificio. *édifíθio.* bâtiment, édifice

ejemplo (por...). *éhémmplo (por...).* par exemple

el. *él.* le

él. *él.* il, lui

ella. *élia.* elle

embajada. *émmbaháda.* ambassade

empezar. *émmpéθár.* commencer

empresa. *émmpréssa.* entreprise

empujar. *émmpouhár.* pousser

en. *énn.* en, dans, à

encendedor. *énnθénndédór.* briquet

encima. *énnθíma.* dessus

encontrar. *énncontrár.* trouver

enero. *énéro.* janvier

enfermedad. *énnférmédád.* maladie

enfermo. *énnférmo* malade

enfrente. *énnfrénnté.* en face

ensalada. *énnsaláda.* salade

enseñar. *énnségnár.* enseigner, montrer

entender. *énténndér.* comprendre

entero. *énntéro.* entier

entonces. *énntónθés.* alors

entrada. *énntráda.* entrée, billet

entre. *énntré.* entre, parmi

enviar. *énnbiár.* envoyer

equipaje. *équipáhé.* bagages

escalera. *éscaléra.* escalier

escribir. *éscribír.* écrire

escuchar. *éscoutchár.* écouter

escuela. *éscouéla.* école

ese. *éssé.* celui-là

espalda. *éspálda.* dos

español. *éspagnol.* espagnol

espectáculo. *éspéctácoulo.* spectacle

espejo. *éspého.* miroir

esperar. *éspérár.* attendre

espuma. *éspoúma.* mousse, écume

esquina. *ésquína.* coin

estación. *éstaθiónn.* gare, saison

estanco. *ésténnco.* bureau de tabac

estar. *éstár.* être

este. *ésté.* celui-ci

Este. *ésté.* est

estómago. *estómago.* stomac

estrecho. *éstrétcho.* étroit

estrella. *éstrélia.* étoile

estreñimiento. *éstrégnimiénnto.* constipation

extranjero. *éxtrannhéro.* étranger

fábrica. *fábrica.* usine

fácil. *fáθil.* facile

falda. *fálda.* jupe

familia. *família.* famille

farmacia. *farmáθia.* pharmacie

favor (por...). *fabór (por...).* s'il vous plaît

febrero. *fébréro.* février

fecha. *fétcha.* date

feliz. *féliθ.* heureux

feo. *féo.* laid

fiebre. *fiébré.* fièvre

fiesta. *fiésta.* fête

fila. *fíla.* rang

filete. *filété.* steak

firmar. *firmár.* signer

flor. *flor.* fleur

folleto. *foliéto.* brochure

franco. *fránnco.* franc

fresa. *fréssa.* fraise

fresco. *frésco.* frais

frigorífico. *frigorífico.* réfrigérateur

frío. *frío.* froid

frito. *fríto.* frit.

frontera. *fronntéra.* frontière

fruta. *froúta.* fruit

fuego. *fouégo.* feu

fuente. *fouénnté.* fontaine

fuera. *fouéra.* dehors

fuerte. *fouérté.* fort

fumar. *foumár.* fumer

función. *founθiónn.* séance

gafas. *gáfas.* lunettes

galleta. *galiéta.* biscuit

gallina. *galyína.* poule

garganta. *gargánnta.* gorge

gasolina. *gassolína.* essence

gasolinera. *gassolinéra.* poste d'essence

gato. *gáto.* chat, cric

gente. *hénnté.* gent

ginebra. *hinébra.* gin

gracias. *gráθias.* merci

grado. *grádo.* degré

gran(de). *grann(dé).* grand

grifo. *grífo.* robinet

guantes. *gouánntés.* gants

guía. *guía.* guide

guisante. *guissánnté.* petit pois

gustar. *goustár.* plaîre, aimer

habitación. *abitaθiónn.* chambre

hablar. *ablár.* parler

hacer. *aθér.* faire

hacia. *áθia.* vers

hambre. *ámmbré.* faim

harina. *arína.* farine

hasta. *ásta.* jusque

hecho. *étcho.* fait

helado. *éládo.* glace

herido. *érído.* blessé

hermano. *érmáno.* frère

hermana. *ermána.* soeur

herramienta. *érramiénnta.* outil

hielo. *iélo.* glace

hierro. *iérro.* fer

hígado. *ígado.* foie

hijo/a. *ího/a.* fils/fille

hola. *óla.* salut

hombre. *ómmbré.* homme

hora. *óra.* heure

hospital. *ospitál.* hôpital

hoy. *óï.* aujourd'hui

huelga. *ouélga.* grève

hueso. *ouésso.* os

huevo. *ouébo.* oeuf

idioma. *idióma.* langue

iglesia. *igléssia.* église

igual. *igouál.* égal

impuesto. *immpouésto.* impôt

incluido. *innclouído.* compris

individual. *inndibidouál.* simple

información. *innforma-θiónn.* reinsegnement

intentar. *innténntár.* essayer

invierno. *innbiérno.* hiver

ir. *ir.* aller

isla. *ísla.* île

izquierda. *iθquiérda.* gauche

jabón. *habónn.* savon

jamón. *hamónn.* jambon

jefe. *héfé.* chef

jersey. *hérséï.* pull(over)

joven. *hóbénn.* jeun

joya. *hóïa.* bijou

joyería. *hoïéría.* bijouterie

juego. *houégo.* jeu

jueves. *houébés.* jeudi

jugar. *hougár.* jouer

juguete. *houguété.* jouet

julio. *houlio.* juillet

junio. *hounio.* juin

juntos. *hountos.* ensemble

kilómetro. *kilómétro.* kilomètre

la. *la.* la

labio. *lábio.* lèvre

lado. *ládo.* côté

lago. *lágo.* lac

lámpara. *lámpara.* lampe

lana. *lána.* laine

lápiz. *lápiθ.* crayon

largo. *lárgo.* long

lata. *láta.* boîte

lavar. *labár.* laver

lavandería. *labanndéría.* blanchisserie

le. *lé.* lui

leche. *létché.* lait

lechuga. *létchoúga.* laitue

leer. *léér.* lire

lejos. *léhos.* loin

lengua. *lénngoua.* langue

lento. *lénnto.* lent

letra. *létra.* lettre

ley. *léï.* loi

librería. *libréría.* librairie

libro. *líbro.* livre

licor. *licór.* liqueur

ligero. *lihéro.* leger

limón. *limónn.* citron

limpio. *límmpio.* propre

línea. *línéa.* ligne

listo. *lísto.* prêt

litera. *litéra.* couchette

lo. *lo.* le

luego. *louégo.* plus tard

lugar. *lougár.* lieu

lujo. *loúho.* luxe

luna. *loúna.* lune

luz. *louθ.* lumière

llamada. *liamáda.* appel

llamar. *liamár.* appeler

llave. *liábé.* clef

llenar. *liénár.* remplir

lleno. *liéno.* plein

llegada. *liégáda.* arrivée

llegar. *liégár.* arriver

llevar. *liébár.* porter, ammener

llover. *liobér.* pleuvoir

lluvia. *lioúbia.* pluie

madera. *madéra.* bois

madre. *mádré.* mère

maíz. *maïs.* maïs

mal(o). *mal(o).* mauvais

maleta. *maléta.* valise

mandar. *manndár.* envoyer

manera. *manéra.* façon, manière

manga. *mánnga.* manche

mano. *máno.* main

manta. *mánnta.* couverture

mantel. *manntél.* drap

mantequilla. *manntéquília.* beurre

manzana. *mannθána.* pomme

mañana. *magnána.* demain, matin

mapa. *mápa.* carte

máquina. *máquina.* machine

mar. *mar.* mer

mareo. *maréo.* mal de mer/au coeur

marido. *marído.* mari

mariscos. *maríscos.* fruits de mer

martes. *mártés.* mardi

marzo. *márθo.* mars

más. *mass.* plus

matrícula. *matrícoula.* plaque

mayo. *máïo.* mai

mayor. *maïör.* plus grand

me. *mé.* me

mecánico. *mécánico.* mécanicien

medicina. *médiθína.* médicament

médico. *médico.* médecin

medida. *médída.* mesure

medio. *médio.* demi

mediodía. *médiodía.* midi

mejor. *méhór.* meilleur

melocotón. *mélocotónn.* pêche

menor. *ménór.* plus petit

menos. *ménos.* moins

mensaje. *ménnsáhé.* message

menudo (a...). *ménoúdo (a...).* souvent

mercado. *mércádo.* marché

merluza. *mérloúθa.* colin

mermelada. *mérméláda.* confiture

mes. *méss.* mois

mesa. *méssa.* table

metro. *métro.* mètre, métro

mezcla. *méθcla.* mélange

mi. *mi.* mon, ma

mí. *mi.* moi

mientras. *miénntras.* pendant que

miércoles. *miércolés.* mercredi

mil. *mil.* mille

millón. *miliónn.* million

minuto. *minoúto.* minute

mío. *mío.* mien

mirar. *mirár.* regarder

mismo. *mísmo.* même

mitad. *mitád.* moitié

modo. *módo.* façon

molestar. *moléstár.* déranger

momento. *moménnto.* moment

moneda. *monéda.* monnaie

montaña. *monntágna.* montagne

moreno. *moréno.* brun

morir. *morír.* mourir

mostaza. *mostáθa.* moutard

mostrador. *mostradór.* comptoir

motivo. *motíbo.* motif

muchacho/a. *moutchátcho/a.* garçon/fille

mucho. *moútcho.* beaucoup

mueble. *mouéblé.* meuble

muelle. *mouélié.* quai

muerto. *mouérto.* mort

mujer. *mouhér.* femme

multa. *moúlta.* amende

mundo. *moúndo.* monde

museo. *mousséo.* musée

música. *moússica.* musique

muy. *mouï.* très

nacer. *naθér.* naître

nacimiento. *naθimiénnto.* naissance

nada. *náda.* rien

nadar. *nadár.* nager

nadie. *nádié.* personne

naranja. *naránnha.* orange

nariz. *naríθ.* nez

nata. *náta.* crème

necesario. *néθéssário.* nécessaire

necesitar. *néθéssitár.* avoir besoin

negocio. *négóθio.* affaire

negro. *négro.* noir

neumático. *néoumático.* pneu

nevar. *nébár.* neiger

niebla. *niébla.* brouillard

nieve. *niébé.* neige

ningún/a. *ninngoún/a.* aucun/e

niño/a. *nígno/a.* enfant, fille

no. *no.* non, ne

noche. *nótché.* nuit

nombre. *nómbré.* prénom, nom

norte. *nórté.* nord

nos. *noss.* nous

nosotros. *nossótros.* nous

noticia. *notíθia.* nouvelle

noveno. *nobéno.* neuvième

noviembre. *nobiémmbré.* novembre

nube. *noúbé.* nuage

nuestro. *nouéstro.* notre, nos

nueve. *nouébé.* neuf

nuevo. *nouébo.* nouveau

número. *noúméro.* nombre, numéro

nunca. *noúnca.* jamais

o. *o.* ou

obra. *óbra.* oeuvre

ocho. *ótcho.* huit

ocio. *óθio.* loisirs

octavo. *octábo.* huitième

octubre. *octoúbré.* octobre

ocupado. *ocoupádo.* occupé

oeste. *oésté.* ouest

oferta. *oférta.* offre

oficina. *ofiθína.* bureau

ofrecer. *ofréθér.* offrir

oído. *oïdo.* oreille

oír. *oïr.* entendre

ojo. *óho.* oeil

ola. *óla.* vague

olor. *olór.* odeur

olvidar. *olbidár.* oublier

once. *ónnθé.* onze

orden. *órdénn.* ordre

oreja. *oréha.* oreille

oro. or

orquesta. *orquésta.* orchestre

os. *oss.* vous

otoño. *otógno.* automne

otro. *ótro.* autre

padre. *pádré.* père

padres. *pádrés.* parents

pagar. *pagár.* payer

página. *páhina.* page

país. *païss.* pays

paisaje. *païssáhé.* paysage

pájaro. *páharo.* oiseau

palabra. *palábra.* mot, parole

palacio. *paláθio.* palais

pan. *pann.* pain

panadería. *panadéría.* boulangerie

pañuelo. *pagnouélo.* mouchoir

papel. *papél.* papier.

paquete. *paquété.* paquet, colis

par. *par.* paire

para. *pára.* pour

parada. *paráda.* arrêt

paraguas. *parágouas.* parapluie

parar. *parár.* arrêter

pared. *paréd.* mur

pariente. *pariénnté.* parent

parque. *párqué.* parc

parte. *párté.* part

partido. *partído.* parti, match

pasado. *passádo.* passé, dernier

pasajero. *passahéro.* passager

pasaporte. *passapórté.* passeport

paseo. *passéo.* promenade

pasillo. *passílio.* couloir

paso. *pásso.* passage

pastel. *pastél.* gâteau

pastilla. *pastília.* pilule

patata. *patáta.* pomme de terre

patio. *pátio.* cour

pato. *páto.* canard

pecho. *pétcho.* poitrine

pedazo. *pedáθo.* morceau

pedir. *pedír.* demander, commander

peinado. *peïnádo.* coiffure

peine. *peïné.* peigne

película. *pelícoula.* film

peligro. *pelígro.* danger

peligroso. *peligrósso.* dangereux

pelo. *pélo.* cheveu

peluquería. *pélouquería.* salon de coiffure

pensar. *pénnsár.* penser

peor. *péor.* pire

pepino. *pépíno.* concombre

pequeño. *péquégno.* petit

perder. *pérdér.* perdre

perdón. *pérdónn.* pardon

periódico. *périódico.* journal

permiso. *pérmisso.* permission, permis

permitir. *pérmitír.* permettre

pero. *péro.* mais

perro. *pérro.* chien

pesado. *péssádo.* lourd

pescado. *péscádo.* poisson

peso. *pésso.* poid

piedra. *piédra.* pierre

piel. *piél.* peau, cuir

pierna. *piérna.* jambe

pila. *píla.* batterie

pimienta. *pimiénnta.* poivre

pimiento. *pimiénnto.* piment

pinchazo. *pinntcháθo.* crevaison

pintura. *pinntoúra.* peinture

piña. *pígna.* ananas

piso. *písso.* étage, appartement

planchar. *planntchár.* repasser

plano. *pláno.* plan

planta. *plánnta.* plante, étage

plata. *pláta.* argent

plátano. *plátano.* banane

plato. *pláto.* assiette, plat

playa. *pläïa.* plage

plaza. *pláθa.* place

plomo. *plómo.* plomb

pobre. *póbré.* pauvre

poco. *póco.* peu

poder. *podér.* pouvoir

policía. *poliθía.* police

pollo. *pólio.* poulet

poner. *ponér.* mettre

poquito. *poquíto.* petit peu

por. *por.* par.

porque. *pórqué.* parce que

por qué. *por qué.* pourquoi

postal. *postál.* carte postale

postre. *póstré.* dessert

precio. *préθio.* prix

pregunta. *prégoúnta.* question

preguntar. *prégountár.* demander

prensa. *prénnsa.* presse

primavera. *primabéra.* printemps

primero. *priméro.* premier

primo/a. *prímo/a.* cousin/e

principio. *prinnθípio.* début

prisa. *príssa.* hâte

prohibido. *proïbído.* interdit

pronto. *prónnto.* tôt

propina. *propína.* pourboire

propósito. *propóssito.* propos

próximo. *próximo.* prochain

pueblo. *pouéblo.* village

puente. *pouénnté.* pont

puerta. *pouérta.* porte

puerto. *pouérta.* port

pulmón. *poulmónn.* poumon

punto. *poúnto.* point

puro. *poúro.* pur, cigare

que. *qué.* que, qui, quel

qué. *qué.* quel, quelle, que

quedarse. *quédársé.* rester.

queja. *quéja.* réclamation

quemadura. *quémadoúra.* brûlure

querer. *quérér.* aimer, vouloir

queso. *quésso.* fromage

quien. *quiénn.* qui

quince. *quínnθé.* quinze

quinientos. *quiniénntos.* cinq cents

quinto. *quínnto.* cinquième

quizá(s). *quiθás.* peut être

ramo. *rrámo.* bouquet

rápido. *rrápido.* vite, rapide

rato. *rráto.* moment

razón. *rraθónn.* raison

rebajas. *rrébáhas.* soldes

receta. *rreθéta.* ordonnance, recette

recibir. *rrééibír.* recevoir

recoger. *récohér.* recueillir

recordar. *rrécordár.* rappeler

recto. *récto.* droit

recuerdo. *rrécouérdo.* souvenir

redondo. *rrédónndo.* rond

refresco. *rréfrésco.* rafraîchissement

regalo. *rrégálo.* cadeau

reloj. *rrélóh.* horloge, montre

relleno. *rréliéno.* farci

remitente. *rrémiténnté.* expéditeur

repente (de...). *rrépénnté (dé...).* tout à coup

repuesto. *rrépouésto.* rechange

resfriado. *rrésfriádo.* rhume

respuesta. *rréspouésta.* réponse

retraso. *rrétrásso.* retard

revista. *rrébísta.* revue, magazine

rico. *rríco.* riche

riñón. *rrignónn.* rein

río. *rrío.* rivière, fleuve

robar. *rrobár.* voler

rodilla. *rrodília.* genou

rojo. *rróho.* rouge

ropa. *rrópa.* vêtements

roto. *rróto.* cassé

rubio. *rroúbio.* blond

rueda. *rrouéda.* roue

ruido. *rrouído.* bruit

sábado. *sábado.* samedi

sábana. *sábana.* drap

saber. *sabér.* savoir

sabor. *sabór.* goût

sal. *sal.* sel

sala. *sála.* salle

salado. *saládo.* salé

salchicha. *saltchítcha.* saucisse

salida. *salída.* sortie, départ

salir. *salír.* sortir, partir

salsa. *sálsa.* sauce

salud. *saloúd.* santé

saludo. *saloúdo.* salutation

sangre. *sánngré.* sang

se. *sé.* se, on

seco. *séco.* sec

sed. *séd.* soif

seda. *séda.* soie

seguida (en...). *séguída (énn...).* tout de suite

seguir. *séguír.* suivre

según. *ségoún.* selon

segundo. *ségoúndo.* second, deuxième

seguro. *ségoúro.* sûr

seis. *séïs.* six

sello. *sélio.* timbre

semáforos. *sémáforos.* feux

semana. *sémána.* semaine

sentarse. *sénntársé.* s'asseoir

señor. *ségnór.* monsieur

señora. *ségnóra.* madame

septiembre. *séptiémmbré.* septembre

séptimo. *séptimo.* septième

ser. *sér.* être

servicio. *sérbiθio.* service

servicios. *sérbíθios.* toilettes

servilleta. *sérbiliéta.* serviette

sexto. *séxto.* sixième

si. *si.* si

sí. *sí.* oui

siempre. *siémmpré.* toujours

siete. *siété.* sept

siglo. *síglo.* siècle

significado. *sig-nificádo.* signification

siguiente. *siguiénnté.* suivant

silla. *sília.* chaise

sin. *sinn.* sans

sitio. *sítio.* place, lieu

sobre. *sóbré.* sur, enveloppe

sobrino/a. *sobríno/a.* neveu/nièce

socorro. *socórro.* secours

sol. *sol.* soleil

solamente. *solaménnté.* seulement

solo. *sólo.* seul

solomillo. *solomílio.* filet

soltero. *soltéro.* célibataire

sombra. *sómmbra.* ombre

sombrero. *sommbréro.* chapeau

soso. *sósso.* fade

su. *sou.* son, sa, leur

suave. *souábé.* doux

subir. *soubír.* monter

suceso. *souθésso.* événement

sucio. *soúθio.* sale

suelo. *souélo.* sol

suerte. *souérté.* chance

sur. *sour.* sud

suyo. *soúïo.* sien

tal. *tal.* tel, telle

talla. *tália.* taille

taller. *taliér.* garage, atélier

tamaño. *tamágno.* grandeur

también. *tammbiénn.* aussi

tampoco. *tammpóco.* non plus

tan(to). *tánnto.* si, tant de

taquilla. *taquília.* guichet

tarde. *tárdé.* tard, aprèsmidi, soir

tarjeta. *tarhéta.* carte

taza. *táθa.* tasse

te. *té.* te

té. *té.* thé

techo. *tétcho.* toit

temprano. *témmpráno.* tôt

tenedor. *ténédór.* fourchette

tener. *ténér.* avoir

tercero. *térθéro.* troisième

terminar. *términár.* finir

ternera. *térnéra.* veau

ti. *ti.* toi

tiempo. *tiémmpo.* temps

tienda. *tiénnda.* magasin

tierra. *tiérra.* terre

tijeras. *tihéras.* ciseaux

tío/a. *tío/a.* oncle/tante

tirar. *tirár.* tirer, jeter

toalla. *toália.* serviette de toilette

tobillo. cheville

tocar. toucher, jouer

todavía. encore

todo. tout

tomar. *tomár.* prendre

toro. *tóro.* taureau

torre. *tórré.* tour

tortilla. *tortília.* omelette

tos. *toss.* toux

tostada. *tostáda.* toast

trabajar. *trabahár.* travailler

traer. *traér.* apporter, amener

traducir. *tradouθír.* traduire

traje. *tráhé.* costume

tratar. *tratár.* essayer, traiter

travesía. *trabéssía.* traversée

trece. *tréθé.* treize

treinta. *tréïnnta.* trente

tren. *trénn.* train

tres. *tréss.* trois

trozo. *tróθo.* morceau

trucha. *troútcha.* truite

trueno. *trouéno.* tonnerre

tu. *tou.* ton, ta

tú. *tou.* tu

tuyo. *toúio.* tien

último. *oúltimo.* dernier

un/a. *oun/oúna.* un/une

usted/es. *oustéd/és.* vous

uva. *oúba.* raisin

vaca. *báca.* vache, boeuf

vacaciones. *bacaθiónés.* vacances

vacío. *baθío.* vide

valer. *balér.* valoir, coûter

valle. *bálié.* vallée

vaqueros. *baquéros.* jean

varios. *bários.* plusieurs

vaso. *básso.* verre

veinte. *bëïnnté.* vingt

vela. *béla.* bougie

velocidad. *beloθidád.* vitesse

vender. *bénndér.* vendre

ventana. *bénntána.* fenêtre

ventanilla. *bénntanília.* guichet

ver. *bér.* voir

verano. *béráno.* été

verdad. *bérdád.* verité

verde. *bérdé.* vert

verdura. *bérdoúra.* légume

vestido. *béstído.* robe

vez. *béθ.* fois

vía. *bía.* voie

viajar. *biahár.* voyager

viaje. *biáhé.* voyage

vida. *bída.* vie

viejo. *biého.* vieux

viento. *biénnto.* vent

viernes. *biérnés.* vendredi

vino. *bíno.* vin

visado. *bissádo.* visa

vista. *bísta.* vue

vivir. *bibír.* vivre

volver. *bolbér.* revenir, retourner

vosotros. *bossótros.* vous.

voz. *boθ.* voix

vuelo. *bouélo.* vol

vuelta. *bouélta.* tour, retour

vuestro. *bouéstro.* votre